ALLIER

BOURBON-L'ARCHAMBAULT_LE CHATEAU

VICHY_LE CASINO

HACHETTE

ALLIER

RENSEIGNEMENTS STATISTIQUES

POPULATION ÉTAT-CIVIL PROFESSIONS

Population légale (1921).

Population totale	370.950
Superficie. Kilomètres carrés.	7.381
Densité. Par kilomètre carré	50,3
Nombre d'arrondissements	4
— de cantons	29
— de communes	321
Nombre de communes de plus de 1 500 habitants	41
Étrangers	1.573
Electeurs vivants (1919) Chiffre arrondi	127.000

Mouvement de la population (1922).

Mariages	3.050
Naissances	5.551
Décès	6.229
Différence entre les naissances et les décès	— 678

Instruction (classes 1921 *et* 1922).

Illettrés	61
Sachant lire seulement	13
Sachant lire et écrire	1.395
Ayant une instruction primaire	1.642
Ayant une instruction supérieure	99
Bacheliers de l'enseignement secondaire	99

Ecoles (1923).

	Nombre.
Écoles maternelles publiques et privées	27
Écoles primaires publiques et privées	792

Professions **(pourcentage approximatif de la population active).**	P. 100
Agriculture	56,25
Industrie	26,44
Autres professions	17,31

AGRICULTURE

(1922).

Répartition du territoire.

	Hectares.
Terres labourables	416.290
Prés	94.890
Herbages	26.870
Pâturages et pacages	43.780
Vignes	10.170
Cultures maraîchères	1.540
— diverses	4.970
Bois et forêts	79.755
Landes et terres incultes	16.170
Divers	36.674

Production de céréales.

	Quintaux.
Froment	966.700
Seigle	97.100
Orge	242.300
Sarrasin	3.300
Avoine	368.600

Production de légumes.

Légumes verts (haricots et petits pois)	13.780
Haricots blancs	3.480
Pois	230
Fèves	80

Cultures fruitières.

Pommes et poires à cidre	30.200
Châtaignes	1.170
Noix	7.430
Autres fruits	8.620

Production de tubercules.

Pommes de terre	2.678.120
Topinambours	2.908.750

Cultures fourragères.

Betteraves fourragères	3.332.500
Navets et rutabagas	148.350
Choux	460
Trèfle	1.511.650
Luzerne	695.500
Sainfoin	321.720
Graminées	375.120
Fourrages verts	158.760
Herbe des prés naturels	2.562.030
— des herbages	806.100
— des pâturages et pacages	612.920

ALLIER

RENSEIGNEMENTS STATISTIQUES

Animaux de ferme.

	Nombre.
Chevaux	20.330
Mulets	670
Anes	10.550
Bovins	287.880
Moutons	48.799
Porcs	120.540
Chèvres	14.520

Cultures industrielles.

	Quintaux.
Betteraves sucrières	13.320
Chanvre (en filasse)	106
Colza	3.070

MINES ET INDUSTRIES

Part de l'industrie dans l'activité du département.

	P. 100
Pourcentage approximatif de la valeur de la production industrielle dans la valeur de la production totale du département	16

Mines (1920).

	Hectares.
Mines concédées	30
Superficie	18.069
Mines en activité	16

Production minière (1921).

	Tonnes.
Houille	248.000
Lignite	»
Tourbe	»
Minerai de fer	»
Autres minéraux métallifères	»
Sel gemme	»
Sel marin	»
Sels de potasse	»

Force motrice.

	Kw.
Chaudières à vapeur	1.342
Machines à vapeur	1.084
Puissance des machines à vapeur	29.800
Puissance de la production des entreprises publiques d'énergie électrique	12.684
Puissance de production des installations privées d'énergie électrique	421

Répartition du personnel industriel (Pourcentage approximatif de chaque groupe d'industrie dans la valeur totale de la production industrielle du département).

	P. 100
Industries extractives	16
Industries de l'alimentation	22
Boissons	25
Industrie métallurgique	16
Industries chimiques	6
Céramique et verrerie	8
Cuirs et peaux	7

Production métallurgique (1921).

	Tonnes.
Fonte	8.500
Fer et acier soudé (produits bruts ou finis)	»
Acier fondu (produits bruts)	27.000
Autres métaux	»

Production des boissons (1922).

	Hectolitres.
Vins	571.710
Cidres	30.822
Bières	108.493
Alcools	2.354

VOIES DE COMMUNICATION

Chemins de fer et tramways.

	Kilomètres.
Chemins de fer d'intérêt général	553,572
Chemin de fer d'intérêt local	352,790
Tramways sur route	3,904

Routes.

Routes nationales	500,200
Chemins vicinaux de grande communication	1.967,600
Chemins vicinaux d'intérêt Chcommun	1.839,2
emins vicinaux ordinaires	6.298,9

ALLIER

NATURE DU SOL ET POPULATION. AGRICULTURE, MINES, INDUSTRIE. COMMUNICATIONS ET COMMERCE. HISTOIRE, ART, ARCHÉOLOGIE. TOURISME.

1 Carte en couleurs

1 Carte en noir

40 Gravures

Cl. d'Erville.

VICHY. SOURCE LARDY

LIBRAIRIE HACHETTE
79, Boulevard Saint-Germain, Paris
1925

Cl. Neurdein.

VUE GÉNÉRALE DE MOULINS

ALLIER

731 109 hectares | 372 523 habitants

CHEF-LIEU : MOULINS.

3 SOUS-PRÉFECTURES : GANNAT, LAPALISSE, MONTLUÇON.

29 CANTONS. — *Gannat :* Chantelle, Ureuil, Escurolles, Gannat, Saint-Pourçain-sur-Sioule. — *Lapalisse :* Cusset, le Sayon, Jaligny, Lapalisse, le Mayet-de-Montagne, Varennes-Allier, Vidry. — *Montluçon :* Cérilly, Commentry, Hérisson, Huriel, Marcillat, Montluçon-Est, Montluçon-Ouest, Montmarault. — *Moulins :* Bourbon-l'Archambault, Chevagnes, Dampierre-sur-Besbre, Lurcy-Lévy, le Montet, Moulins-Est, Moulins-Ouest, Neuilly-le-Réal, Souvigny.

Sièges des administrations et services publics.

ARCHEVÊCHÉ : *Sens.* — ÉVÊCHÉ : *Moulins.*
13e RÉGION MILITAIRE : Chef-lieu *Clermont-Ferrand.*
COUR D'APPEL de *Riom.*
13e LÉGION DE GENDARMERIE (Clermont).
17e INSPECTION DES PONTS ET CHAUSSÉES.
1re CONSERVATION DES FORÊTS.
ARRONDISSEMENT MINÉRALOGIQUE DE *Clermont* (division du Centre).
2e CIRCONSCRIPTION AGRICOLE (région du Centre).

Établissements publics d'Enseignement.

UNIVERSITÉ de Clermont (*Facultés des Lettres, des Sciences, Ecole de médecine et de Pharmacie*).
Deux *lycées de garçons* à Moulins et Montluçon.
Un *lycée de jeunes filles* à Moulins.
Un *collège communal* à Cusset.
Une *école normale d'instituteurs* à Moulins.
Une *école normale d'institutrices* à Moulins.
Quatre *écoles primaires supérieures de garçons* à Moulins, Gannat, Saint-Pourçain, Vichy.
Une *école primaire supérieure de filles* à Montluçon.
665 *écoles primaires publiques.*
21 *écoles maternelles publiques.*

GÉNÉRALITÉS.

Formation. — Le département de l'Allier appartient à la région centrale de la France. Il a été formé en 1790 de la province du **Bourbonnais**, dont une très faible partie a été détachée pour être comprise dans le département de la Creuse. Au sud, il mord légèrement sur les provinces d'Auvergne et du Forez.

Nom. — Le département prend son nom de l'*Allier*, un des principaux affluents de la Loire, qui le traverse du sud au nord et qui passe au chef-lieu, *Moulins*.

Situation. — Le département de l'Allier est compris entre 45°,58' et 46°,55' de latitude nord, et 0°,4' de longitude ouest et 1°,40' de longitude est de Paris. La distance entre Paris et son chef-lieu, *Moulins*, est de 260 kilomètres à vol d'oiseau et de 313 par la voie ferrée. Il est borné : 1° au nord, par les départements du *Cher* et de la *Nièvre* ; 2° à l'est, par ceux de *Saône-et-Loire* et de la *Loire* ; 3° au sud, par celui du *Puy-de-Dôme* ; 4° à l'ouest, par ceux de la *Creuse* et du *Cher*.

Superficie. — Le département de l'Allier a une superficie de 7 380 kilomètres carrés, soit près de 1 400 kilomètres carrés de plus que la superficie moyenne des départements français. C'est un des départements les plus étendus de la France.

NATURE DU SOL.

Le département de l'Allier appartient à la bordure septentrionale de cette grande région de la France que l'on appelle le **Massif Central**. Dans cette région, le Massif Central se distingue par les traits suivants :

1° Constitué par de très anciennes montagnes, qui se dressaient dès l'ère primaire (*plissements hercyniens*), le Massif Central a été très longuement usé par l'érosion des eaux courantes. De montagne, il était devenu, au milieu de l'ère tertiaire, une basse plate-forme, presque au niveau de la mer et des lagunes qui s'étendaient au nord. Et même, une portion de son domaine fut occupée par l'une de ces lagunes, où se déposèrent des sédiments. En somme, au milieu des temps tertiaires, il ne restait, comme témoins de l'ancienne montagne, que les gisements de houille, produits par l'accumulation et la décomposition de végétaux dans les creux, ou synclinaux, des anciens plissements des montagnes.

2° Au milieu de l'ère tertiaire, par le contre-coup des grands plissements alpins qui se produisaient alors à l'est, la plate-forme du Massif Central a été modifiée. Des fractions sud-nord se sont produites. Des parties de la plate-forme se sont soulevées en bloc : sur celles-ci, l'érosion des eaux courantes, en levant les sédiments récents, a mis à jour les roches anciennes. D'autres parties sont demeurées affaissées : là l'érosion a respecté les sédiments récents ; et même les cours d'eau descendant des montagnes environnantes dans ces dépressions y ont apporté des alluvions nouvelles.

Il résulte de ces événements géologiques que l'on trouve, dans le département de l'Allier, les zones de terrains suivantes :

1° **Les zones de terrains anciens et cristallins.** — Elles sont au nombre de deux : à l'ouest, les *plateaux de la Combraille,* qui s'étendent de Montluçon à Saint-Poncain et de Commentry à Bourbon-l'Archambault, et qui sont constitués par des *granits*

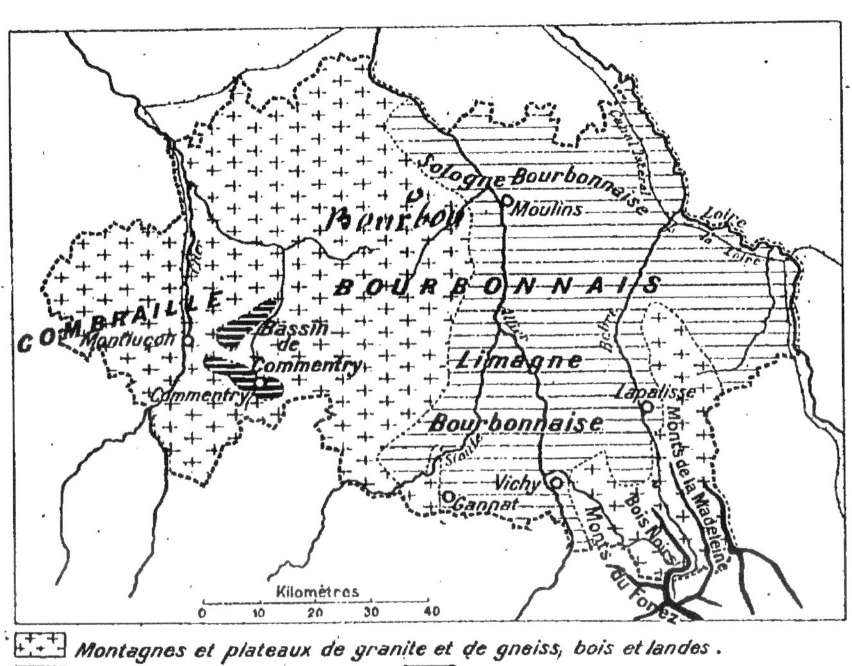

RÉGIONS NATURELLES DE L'ALLIER

et des *schistes,* avec intrusions de *micaschistes* et de *gneiss* ; au sud-est, l'extrémité des *Monts du Forez* et les *Monts de la Madeleine,* qui s'allongent depuis Vichy jusqu'à la limite sud-est du département, et qui sont formés des mêmes roches que la précédente, avec intrusions d'une roche encore plus dure, le *porphyre.* Dans la première zone, se trouve le *bassin houiller de Commentry.* Le long des failles qui séparent les zones de terrains anciens, en ressaut, et les zones sédimentaires, déprimées, les fractures du sol ont permis l'apparition de *sources thermales et minérales.* Les principales sont celle de *Bourbon-l'Archambault* à la limite nord-est de la première zone, et surtout celles de *Vichy,* à la limite occidentale de la seconde.

2° **La zone de terrains sédimentaires.** — Elle est constituée par un vaste bassin qu'encadrent les deux zones de terrains cristallins sus-indiquées, et aussi le Massif du Morvan (au nord-est), qui n'a aucune de ses parties dans le département de l'Allier. Ce bassin, qui forme la grande *plaine du Bourbonnais*, doit se décomposer, par la nature de son sol, en deux parties : au sud-ouest, la *Limagne bourbonnaise*, dont les sédiments tertiaires sont recouverts d'alluvions amenées par l'Allier et par ses affluents des monts d'Auvergne, alluvions fertiles comme les roches volcaniques de ces monts dont elles sont les débris ; au nord-est, la *Sologne bourbonnaise*, dont les sédiments tertiaires sont recouverts d'alluvions amenées par la Loire et par

Cl. Lévy.

VICHY, VUE GÉNÉRALE. L'ALLIER

ses affluents des monts du Forez, alluvions infertiles comme les roches cristallines de ces monts dont elles proviennent.

En somme, le sol du département de l'Allier comporte un certain nombre de formations d'une faible valeur économique. Mais il possède des avantages certains : les riches terres de la Limagne, un bassin houiller et des sources thermales.

RELIEF DU SOL.

Le relief du département de l'Allier est moyen : il occupe une des parties les moins hautes du Massif Central, la plus largement découpée par des plaines. A l'est et à l'ouest de la grande *plaine du Bourbonnais* (Limagne et Sologne bourbonnaises), qui ne possèdent que des collines sans importance, s'allongent des masses de hauts reliefs, mais très inégalement hauts :

1° A l'ouest, l'extrémité du *plateau de Combrailles*, dont le point le plus haut dépasse à peine 450 mètres (472 mètres au-dessus de Saint-Sauvier, à la limite du département de la Creuse) ;

2° A l'est, les **Monts du Forez, Bois-Nais et de la Madeleine,** qui forment une masse allongée du sud au nord, presque continuement au-dessus ou aux environs de 1 000 mètres (le point culminant, le Puy de Monthiel est à la limite des départements de l'Allier, de la Loire et du Puy-de-Dôme ; autre point important : Bois de l'Assise, 1 165 m.) et que la ligne de Saint-Germain-des-Fossés à Roanne traverse par un tunnel de 1 350 mètres de long. Ces montagnes granitiques et porphyriques ont un

Cl. Vacher.

VUE DE LA VALLÉE DU CHER EN AMONT DE MONTLUÇON

relief monotone, comme toutes les hauteurs longuement usées par l'érosion ; elles sont couvertes de bois, sombres, infertiles, compactes : le séjour et la circulation y sont difficiles aux hommes.

CLIMAT.

Le climat du département de l'Allier est celui du centre de la France : il n'est ni absolument maritime, à cause de l'éloignement déjà grand de la mer, ni absolument continental, parce que l'influence adoucissante des vents océaniques y parvient, bien qu'atténuée, par les vallées de la Loire et de ses grands affluents, Cher et Allier. Les étés sont très chauds, les hivers assez rudes ;

les pluies, dans les plaines, représentent une chute d'eau sensiblement égale à la moyenne en France : de 70 à 80 centimètres par an. Seuls, les monts du Forez, des Bois Noirs et de la Madeleine se différencient par des hivers plus rudes et aussi par des précipitations plus abondantes (de 80 centimètres à 1 mètre) qui se font en hiver sous forme de neige : la neige séjourne sur les Bois Noirs pendant presque tout l'hiver. Les pluies, dans le reste du pays, tombent plus nombreuses en été (pluies d'orage) et surtout en automne.

LES EAUX.

Cours d'eau. — Le département de l'Allier est longé ou traversé du sud au nord par la **Loire**, qui lui sert de limite à l'est avec le département de Saône-et-Loire ; par l'**Allier**, grand affluent de la Loire, qui traverse le département en son milieu, arrosant la Limagne bourbonnaise, puis la Sologne bourbonnaise ; enfin, par le **Cher**, autre grand affluent de la Loire, qui traverse le département dans sa partie occidentale, à la limite du plateau de Combraille, en desservant la région houillère de Montluçon-Commentry. En dehors de ces trois rivières, les affluents de celles-ci qui passent par le département sont nombreux, mais presque aucun n'a d'importance. Seules méritent d'être signalées la *Besbre*, affluent de gauche de la Loire, qui lui vient des monts de la Madeleine, et la *Sioule*, affluent de l'Allier, qui lui vient du Mont-Dore, en Auvergne, et qui reçoit elle-même la *Bouble*, originaire de la Chaîne des Puys, également en Auvergne.

Régime des eaux. — Les trois grands cours d'eau qui traversent le département y coulent en plaine : la Loire n'y a une pente que de 0 m. 58 au kilomètre, alors que dans la région de ses sources sa pente dépasse 7 metres ; l'Allier, entre Vichy et Moulins, a une pente de 0 m. 70 au kilomètre, alors que dans son cours supérieur, cette pente dépasse en certains points 8 m. 50 ; la pente du Cher est encore plus faible. Pourtant tous trois ont dans le département un régime torrentiel, c'est-à-dire des crues très fortes, déterminant des inondations parfois terribles, et alternant avec des maigres excessifs. Ce régime tient à la nature de leur cours supérieur, qui vient des hautes montagnes du Vivarais et du Velay, lesquelles reçoivent des pluies brusques et abondantes en automne, et ont des neiges épaisses qui fondent brusquement au printemps ; de là des crues très fortes en automne et au printemps, qui alternent avec des maigres excessifs en hiver et surtout en été. Avant le bec d'Allier, la Loire a un débit moyen qui varie suivant les saisons entre 30 et 9 000 mètres cubes, c'est-à-dire de 1 à 300. La proportion pour l'Allier n'est guère moins forte. Les crues de l'Allier s'écoulent d'ailleurs plus rapidement que celles de la Loire, parce que la vallée supérieure de cet affluent est plus large que celle du fleuve principal. A sa traversée du département, l'Allier a donc ses crues généralement un peu avant celles de la Loire. Pour la même raison, les crues du Cher, d'ailleurs moins fortes, sont en avance sur celles des deux autres rivières.

Navigation. — Des rivières aussi irrégulières ne sont pas naturellement navigables. Mais elles peuvent fournir de puissantes réserves d'eau pour alimenter des canaux. On peut citer dans le département : le **canal latéral à la Loire**, qui unit Briare (Nièvre) à Roanne (Loire) et sur lequel s'embranche à Digoin (Saône-et-Loire) le **canal du Centre**, qui franchit le fleuve sur

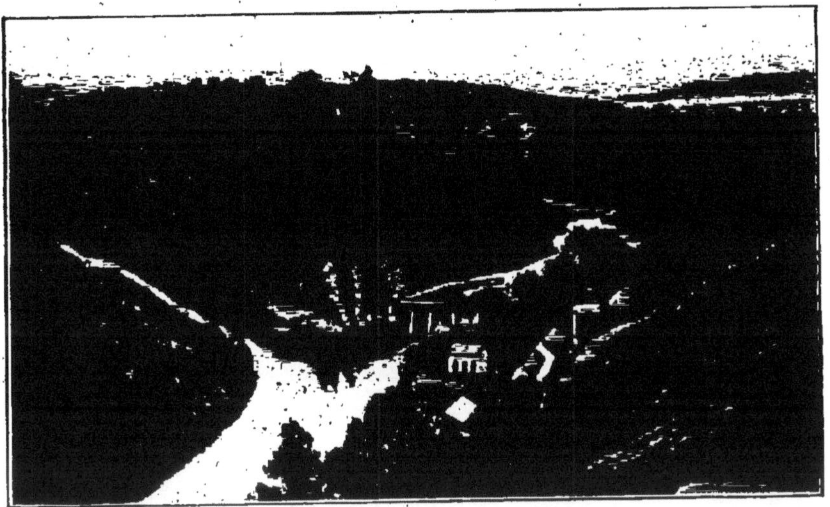

CONFLUENT DU CHER ET DE LA TARDES

un pont-aqueduc ; — le **canal du Berry**, qui longe le Cher et unit la région houillère et industrielle de Commentry-Montluçon à la Loire moyenne.

Etangs. — La Sologne bourbonnaise, que traverse l'Allier en aval de Moulins, possède de nombreux étangs, encore qu'un certain nombre d'entre eux aient été asséchés dans le dernier demi-siècle.

RÉGIONS NATURELLES.

Il résulte de l'étude des conditions naturelles du département de l'Allier (sol, relief, climat, régime des eaux), qu'il se divise en quatre régions naturelles :

1° A l'ouest le **plateau de Combrailles**, de relief bas, de sol cristallin et infertile, mais possédant sur son bord oriental le *bassin houiller de Commentry*, relié avec la Loire par une voie navigable, en un mot, propre à l'industrie ;

2° A l'est, les **monts du Forez, des Bois Noirs et de la Madeleine,** hauts, difficiles d'abord, peu découpés, cristallins, stériles et boisés ;

3° Au centre la **plaine du Bourbonnais,** traversée par l'Allier et par la Loire, et comprenant au sud la *Limagne bourbonnaise,* naturellement fertile, et au Nord, la *Sologne Bourbonnaise,* naturellement marécageuse et stérile.

LES HABITANTS.

Origine. — Avant la conquête de la Gaule par les Romains, le

Cl. Vacher.

LA VALLÉE DU CHER EN AVAL DE MONTLUÇON

pays était occupé, dans sa portion orientale par les **Éduens,** qui peuplaient la plus grande partie de la portion nord-est du Massif Central, et par les **Bituriges,** qui peuplaient les plaines du Bourbonnais et du Berry actuels. Au sud-ouest, dans la région de Gannat, étaient les **Arvernes,** qui ont peuplé toute l'Auvergne.

Langue. — La *langue française* est seule usitée dans le pays, sauf dans le sud-ouest où l'on parle aussi le *patois auvergnat.*

Cultes. — Presque tous les habitants sont catholiques ; 250 protestants environ ; quelques juifs.

Natalité. — La natalité est très faible dans le département de l'Allier. En 1920, il y est né 6 113 enfants, soit 1,6 pour

100 habitants ; la moyenne pour la France, qui est pourtant très faible, est plus forte que celle-là : 2,1. La comparaison entre les naissances et les décès marque pour cette année-là un excédent de 477 décès. Sauf les centres urbains comme Moulins, les stations thermales (Vichy) et surtout comme ceux de la région Montluçon-Commentry, le département se dépeuple, au profit de ces centres, ou de Paris, ou de Lyon, où l'on émigre beaucoup. L'Allier n'avait en 1801 que 248 864 habitants ; comme tous les départements agricoles assez riches, il en a gagné beaucoup (près de 200 000) jusqu'au milieu du XIXe siècle, puis l'émigration et la diminution des naissances lui en a fait perdre : entre les deux recensements de 1906 et

MONTLUÇON

de 1911, il en a perdu 18 081, soit une diminution de plus de 4 p. 100 en cinq ans, de près de 1 p. 100 par an. Puis les pertes dues à la guerre sont venues s'ajouter à ces causes permanentes de diminution : en 1921 l'Allier n'avait plus que 370 950 habitants.

Densité de la population. — La densité de la population (50,3 habitants au kilomètre carré) est très notablement inférieure à la densité moyenne de la population française (71,2).

Population urbaine et population rurale. — Il y a dans le département de l'Allier des agglomérations urbaines assez importantes : à côté du chef-lieu, *Moulins* (22 968 hab. en 1921) et de villes d'eaux comme *Vichy* (17 501 hab.), les agglomérations industrielles de la région houillère : **Montluçon**

(36 114 hab.) et **Commentry**, qui avec sa banlieue industrielle forme un groupe de plus de 20 000 habitants. C'est là seulement que domine la population urbaine ; partout ailleurs domine la population rurale, dense surtout dans les plaines, principalement dans la Limagne bourbonnaise où les villes ne sont que des gros bourgs, jouant le rôle de marchés agricoles : *Cusset*, *Gannat*, *Saint-Pourçain-sur-Sioule*, etc.

ROUTES ET VOIES FERRÉES.

Le département de l'Allier a 500 kilomètres de routes nationales et 13 137 kilomètres de chemins vicinaux de toutes espèces. Il est fort bien muni de routes, surtout dans les plaines du Bourbonnais et dans la région de Combrailles. Elles sont plus rares et moins bonnes dans la région montagneuse du Forez, des Bois-Noirs et des monts de la Madeleine.

La longueur des voies ferrées est de 536 kilomètres de chemins de fer d'intérêt général et de 347 kilomètres de chemins de fer d'intérêt local. Les trois lignes les plus importantes sont : 1° la grande *ligne du Bourbonnais*, qui unit Paris à Nîmes par le Massif Central, et passe à Moulins et à Vichy ; 2° la *ligne de Paris à Montluçon*, qui dessert le grand centre industriel du département ; 3° la *ligne* transversale (Ouest-Est) *de Montlucon à Saint-Germain-des-Fossés*, qui met en communications Lyon avec les pays de la Loire.

FORÊTS.

Si l'on tient compte seulement de l'étendue globale des forêts du département, on constate que cette étendue est relativement médiocre : le département de l'Allier n'a, en effet, que 79 755 hectares de bois, c'est-à-dire moins de la cent-vingtième partie du territoire forestier de la France. L'Allier n'a que 10,9 p. 100 de son territoire en forêts et en bois, tandis que la moyenne est pour la France 18 p. 100. Pourtant, il y a dans l'Allier, à côté d'une région très déboisée, — c'est la partie fertile de la plaine, la Limagne bourbonnaise, — deux zones très boisées et riches en belles forêts de hêtres, de bouleaux, de chênes, de charmes, de pins et de sapins. Ce sont : 1° les croupes montagneuses des monts du Forez et des monts de la Madeleine ; 2° les plaines sableuses de la Sologne bourbonnaise, dont les sables, d'origine granitique, se prêtent mal aux cultures, et comportent de belles forêts, dont certaines ont été étendues par l'homme en vue d'amender et de fertiliser le sol. Les principales de ces forêts sont : 1° dans la zone forézienne, les *forêts de Montpensier, de Vaudelle, de Mouzier* ; — 2° et surtout, dans la zone de la Sologne bourbonnaise, la grande **forêt de Troncais** (10 434 hectares), les *forêts de Bagnolet* (1 658 hectares), *de Civrais* (1 091 hectares), *de Dreuille* (1 258 hectares), *de Moladier*, *de Champroux, de Mersargues, de Vachenne, de Giverzat, de Marcenat*, etc.

EXPLOITATION DU SOL.

Sur 731 109 hectares, 598 651 sont occupés par des terres labourables, des vergers, des prés et des pacages, soit 82 p. 100 du domaine départemental (moyenne pour la France entière : 66 p. 100). Le domaine cultivé est donc très supérieur à la moyenne. En dehors des bois, dont on a vu plus haut l'extension, les 15 970 hectares de landes et de terres incultes se trouvent surtout dans la montagne forézienne. La quasi-totalité de la Sologne bourbonnaise, naguère encore infertile et improductive, a été asséchée, amendée, fécondée. Le département de l'Allier est un riche département agricole.

AGRICULTURE.

Céréales. — Bien que l'élevage soit la base de l'économie agricole du Bourbonnais, la culture des céréales y a fait de grands progrès à notre époque, et notamment celle du blé. Sur 598 651 hectares exploités, 187 060, c'est-à-dire près du tiers, étaient occupés par des cultures de céréales en 1920. La production du département de l'Allier se montait, cette année-là, aux chiffres suivants :

Blé	150 502	tonnes.
Seigle	13 756	»
Orge	24 755	»
Avoine	67 931	»

Ainsi, à côté des céréales fourragères, orge et avoine, dont la faveur s'explique par la prospérité de l'élevage, le blé joue le rôle principal : il est cultivé non seulement dans les terres, naturellement fertiles, de la Limagne bourbonnaise, mais même sur certaines terres amendées de la Sologne bourbonnaise et de la région de Combrailles. L'Allier produit plus de blé qu'il n'en consomme. Les importantes minoteries de Gannat, Vichy, Jaligny, Saint-Pourçain-sur-Sioule et Bourbon-l'Archambault vendent une partie de leurs farines à Lyon et à Paris.

Autres cultures. — Parmi les autres cultures, on ne peut guère citer comme vraiment importante, que celle des *pommes de terre* (production de 1920 : 377 712 tonnes) et celle de la vigne : les vins des vallées du Cher, de la Sioule, de l'Allier et de la Loire sont pour la plupart consommés sur place, sauf les vins blancs de Saint-Pourçain, qui se vendent à Paris.

ÉLEVAGE.

L'élevage a une très grande importance dans le département de l'Allier. Près des deux tiers du territoire exploité

(393 960 hectares) sont couverts par des prairies temporaires ou artificielles, des prés, des herbages, des pâturages et des pacages.

Bovins. — L'élevage des bovins est le principal. Il y avait en 1920, dans le département, 289 240 bêtes à cornes, c'est-à-dire plus de 2,2 p. 100 du cheptel français. La plus grande partie de ce beau troupeau est composé par la race charolaise. Outre les vaches laitières, qui sont gardées dans le pays, les bœufs y sont élevés jusqu'à quatre ou cinq ans comme bœufs de travail, puis vendus, soit comme bœufs de travail aux betteraviers du Nord, soit surtout aux *emboucheurs* de la Nièvre, qui les engraissent pour les vendre aux abattoirs de Paris. On peut citer, parmi les principales foires pour animaux d'engraissement, celles de Moulins, de La Palisse, de Varennes et de Montmarault.

Autres élevages. — On élève dans l'Allier des *chevaux* de demi-sang ou de gros trait, et un nombreux troupeau de *porcs*. Quant aux *moutons*, le nombre en diminue rapidement à mesure que les terres s'améliorent dans la Sologne bourbonnaise, dont ils étaient jadis le seul bétail : la statistique agricole de 1912 en comptait 294 675 ; en 1913, il n'y en avait plus que 130 890 ; en 1920, 50 170.

INDUSTRIE.

A côté de sa puissante production agricole, le département de l'Allier a une puissance industrielle qui n'est point méprisable, surtout grâce à la région de Montluçon-Commentry. En 1906, sur une population active de 213 528 personnes, 55 322 soit 26 p. 100, étaient employées dans l'industrie.

Ressources minières. La houille. — Situé dans le Massif Central, où les synclinaux des plissements hercyniens ont été en partie comblés par des bassins houillers, le département de l'Allier possède un grand et plusieurs petits gisements de charbon. Le grand est le **bassin houiller de Commentry**. Le bassin, orienté du Nord-Ouest au Sud-Est, comprend les grandes mines de *Deneuille, le Doyet, Montvicq, Bezenet, Commentry, la Courolle et Bruxière-la-Grue, les Ferrières, les Plamores,* dont la production représente 67 p. 100 de la production du département. Avec les bassins de *Noyant*, de *Saint-Hilaire* (sur la ligne de Montluçon à Moulins) et de *Bert* (sur la rive droite de l'Allier), pour ne citer que les bassins en exploitation, le département de l'Allier, dont la production d'avant-guerre dépassait 300 000 tonnes, a dépassé 500 000 tonnes en 1917. En 1920, cette production est redescendue à 350 000 tonnes.

Outre les mines de houille, on ne peut citer comme mines en exploitation intermittente qu'une mine de *cuivre* et de *plomb argentifère* à Charrier, une mine d'antimoine à *Montignat,* une mine de *wolfram* aux Montmins.

Eaux minérales. — Mais, comme le département voisin du Puy-de-Dôme et pour la même cause que lui, le département de l'Allier est très riche en eaux minérales. Cette richesse est due aux failles qui encadrent de part et d'autre la Limagne. Les eaux superficielles s'infiltrant dans le sol, s'échauffant en profondeur, deviennent thermales ; au contact des gaz si abondants dans ce sous-sol volcanique, elles se chargent d'acide carbonique ; chaudes et chargées d'acide carbonique, elles deviennent capables de dissoudre les substances minérales au travers desquelles elles coulent et deviennent donc des eaux à la fois *thermales* et *minérales.* C'est sous cette forme que, remontant facilement (d'autant plus facilement que chaudes et gazeuses, elles sont plus légères) par les failles, elles jaillissent sous forme de sources nombreuses et puissantes, de part et d'autre de la Limagne. Telle est l'origine des sources de *Vichy, Cusset, Saint-Yorre,* sur la bordure est, de *Néris* et de *Bourbon-l'Archambault,* sur la bordure ouest de la Limagne.

Les **eaux de Vichy** thermales ou froides, sont bicarbonatées sodiques et gazeuses, ou bicarbonatées sodiques, ferrugineuses et gazeuses. Onze sources, propriétés de l'État, sont exploitées par une Compagnie Fermière: *Grande Grille* (44°), *Puits Carré* (45°), *Puits Chomel* (45°), *Source de l'Hôpital* (31°), *Source Lucas* (29°), les trois *Sources des Célestins* (de 12° à 16°), *Source de Mesdames* (15°), *Source du Parc* (18°), *Source d'Hauterive* (14°). Les sept premières sont des sources naturelles ; les quatre dernières ont été obtenues par des forages. On rattache au même groupe des sources appartenant à la Compagnie générale des Eaux et Bains de mer (*Source Lardy, Source Larbaud aîné Source de Vesse,* toutes froides), ou à des particuliers qui les exploitent (*Sources Prunelle, Saint-Yorre, Mallat, Guerrier et Foreisier, Puits Dubois,* etc., également froides). Vichy est une des premières stations thermales de France et du monde.

Les **eaux de Bourbon-l'Archambault** sont thermales, chlorurées sodiques et iodo-bromurées, ou froides, ferrugineuses et bicarbonatées. Les eaux thermales sont fournies par la *Source chaude* ; les eaux froides, par les *Sources Jonas, de la Trollière* et *Saint-Pardoux.*

Les **eaux de Néris** sont thermales, bicarbonatées, sodiques. Elles sont fournies par six sources, plus la source froide *du Jardin.*

On peut encore citer les eaux d'*Argentières,* près de Vaux, sur le Cher, à une dizaine de kilomètres en aval de Montluçon.

Industries de transformation. La métallurgie. — En dehors des industries alimentaires (*minoteries, malteries,* etc.), il n'y a qu'une grande industrie dans le département : c'est l'**industrie métallurgique**. Elle est très ancienne, puisque déjà, à l'époque de la conquête des Gaules par César, les Bituriges transformaient le minerai de fer du Berry par la fonte au bois, grâce aux forêts de la Combrailles et notamment à la grande forêt de Tronçais. C'est ce même minerai de fer qui a fait naître, dans la région de Montluçon, la métallurgie moderne. D'abord, on a donc pratiqué la *fonte* ; mais aujourd'hui la fonte du minerai, à cause de l'épuisement des mines de fer voisines (département du Cher) n'est plus que secondaire (17 000 tonnes de fonte environ produite par un seul haut-fourneau, alors que la France en produit 5 millions). Au contraire, la fabrication

USINES DE COMMENTRY

des aciers dans les Forges de Commentry, aciers bruts et courants, aciers fins, aciers marchands, etc., est très active, ainsi que les produits en acier : *tôles, moulages, bandages de roue, rails*, etc. En 1920, la production de toutes les catégories d'aciers de toutes sortes a dépassé 100 000 tonnes ; et il y avait 3 760 ouvriers employés dans les aciéries (région de Montluçon-Commentry). Comme autres industries métallurgiques, on peut citer les *tréfileries* de Tronçais et de nombreux ateliers de *fonderie*, de *ferronnerie* et de *chaudronnerie*. Mais en somme l'essentiel de la production est aujourd'hui concentré près de la houille, autour de Commentry, et sous la direction de la *Compagnie de Commentry-Fourchambault*.

Autres industries : *glaces, verrerie* et *produits chimiques* à Montluçon (propriété de la Société de Saint-Gobain), *porcelaine* à Couleuvre, Ainay-le-Château, Lurcy-Lévy ; *poterie* ; *saboterie* dans la forêt de Tronçais.

COMMERCE.

Le département exporte : des céréales, des vins, des noix, des bestiaux, des eaux minérales, de la houille (pour les pays de la Loire moyenne), du bois, des produits de la métallurgie. Il importe : des matériaux de construction, de la chaux et du plâtre ; de la houille (de Saint-Etienne, dans la Loire ; d'Aubin-Decazeville, dans l'Aveyron ; de Brassac et d'Ahun, dans la Creuse), des produits manufacturés de toutes sortes.

ÉPHÉMÉRIDES.

Avant J.-C.—Ier siècle.—Le territoire du département actuel de l'Allier était occupé avant l'invasion romaine, par des Eduens et des Bituriges et au sud par quelques Arvernes.

58. Les Boïens « peuple renommé pour sa valeur », dit César, formaient la réserve des Helvètes qui, battus par les Romains, repassent le Jura ; mais les Boïens seuls sont autorisés par César à rester en Gaule et ils s'établissent sur les bords de l'Allier dans le territoire des Eduens (en Bourbonnais), où « ils reçoivent des terres et bientôt partagent tous les privilèges et les droits des anciens habitants. »

52. Les Eduens jusque-là alliés des Romains se tournent contre César au siège de Gergovie ; ils fournissent des hommes à Vercingétorix dans la campagne d'Alésia, mais, après la chute de la ville, ils se soumettent à César qui leur rend leurs prisonniers.

Après J.-C.—Ier-IVe siècles. — Sous la domination romaine, le territoire de l'Allier est partagé entre la *Lyonnaise Première* où sont compris les *vici* ou bourgs de *Lipidiacus* (Lubié), *Vious Transaliensis* (Trésel) et *Aquæ Calidæ*, plus tard *Pagus Viciacensis* (Vichy) et l'*Aquitaine Première*, où sont les trois bourgs de *Neriomagus* (Neris), *Borvo* (Bourbon) et *Cantilia* (Chantelle).

Le pays jouit longtemps d'une grande tranquillité et se couvre de temples, de théâtres, de cirques et de villas ; des routes réunissent les thermes, dont les eaux attiraient un grand nombre de visiteurs : Bourbon, où elles étaient consacrées au Dieu Borvo, une sorte d'Apollon gaulois; Néris, où les débris d'édifices somptueux, un théâtre, l'immense quantité d'objets d'art, de médailles et d'antiquités de toutes sortes, attestent la richesse de la cité; Vichy, qui, malgré la rareté des vestiges romains, peut être considéré comme ayant joui, sous l'empire, d'une certaine vogue. Néris avait un poste militaire et reçut la huitième légion Augusta qui, en punition de sa révolte contre l'empereur, y fut confinée quelque temps et condamnée à des travaux de voirie et de construction : le nom de cette légion se retrouve sur un grand nombre de briques provenant des anciens monuments de Neriomagus.

IIIe siècle. *250.* Le christianisme, introduit par Saint-

Ursin dans le Bourbonnais, y fait de rapides progrès.

285. Le pays est la proie des paysans qui, écrasés par la fiscalité romaine, se révoltent sous le nom de Bagaudes, « quittent leurs sillons, tuent et mangent leur bétail, montent sur leurs chevaux de labour et, après avoir pillé et brûlé les maisons de plaisance éparses dans les campagnes, fondent sur les villes ».

Ve siècle. — Les Burgondes et les Wisigoths s'établissent dans les bassins du Cher et de l'Allier, mais traitent les populations avec humanité.

— Childéric Ier donne la ville de Viplaix, qui n'est plus qu'un village, à l'abbaye de Saint-Denis et la charte conservée aux Archives de Bourges est la plus ancienne connue relative au Bourbonnais.

VIe siècle. *507.* Après la victoire de Vouillé, les Francs enlèvent aux Wisigoths toute la partie occidentale du Bourbonnais, les Burgondes conservent la partie orientale jusqu'à la chute de leur royaume en 534.

VIIIe siècle. *761.* Dans leur guerre contre Waïfre, duc d'Aquitaine, les Francs de Pépin-le-Bref emportent d'assaut les châteaux de Bourbon et de Chantelle, les livrent aux flammes et emmènent les garnisons en captivité ; ils ravagent horriblement tout le Bourbonnais, d'où ils emportent un immense butin.

Xe siècle. *913.* Le roi Charles-le-Simple donne à Aymar ou Adhémar, l'un de ses fidèles, quelques fiefs en Auvergne : d'où l'origine de la maison de Bourbon.

XIIe siècle. *1171.* — Les Anglais font le siège de Montluçon dont ils s'emparent ; Philippe-Auguste reprendra la ville en 1188.

XIIIe siècle. *1202.* Montluçon et ses dépendances sont réunis au fief de Bourbon par Philippe-Auguste.

XIVe siècle. *1356.* Chavroche est contesté par Pierre Ier, duc de Bourbon et Jacques de Bourbon, comte de la Marche, qui s'était emparé du château et ne le rendit que moyennant une rente de quatre mille livres.

1368. A partir de cette année, les ducs de Bourbon établissent leur résidence habituelle à Moulins, où ils avaient déjà un rendez-vous de chasse et une maison de plaisance. La ville reçut successivement plusieurs enceintes de fortifications et ses quatre portes furent défendues par des tours à mâchicoulis et à pont-levis.

1369. Pendant la guerre de Cent Ans, sous le règne de Charles V, une compagnie anglaise envahit le Bourbonnais et s'empare du château de Bellegarde, où était la duchesse douairière de Bourbon, mère de la reine de France. Le duc de Bourbon, Louis II, dit le Bon, tente de recouvrer son château et de délivrer sa mère ; la garnison se retire mais en emmenant la vieille duchesse à cheval.

1370. Le duc de Bourbon Louis II institue l'Ordre de Chevalerie de l'*Ecu d'or.*

XVe siècle. *1408.* Dans la querelle des maisons d'Orléans et de Bourgogne, il prend parti contre Jean Sans-Peur qui envahit le Bourbonnais et se rend maître de quelques places.

1422. Charroux est ravagée par la peste qui dure plus de douze ans : la population a diminué des trois quarts ; les morts sont jetés pêle-mêle dans des fosses remplies de chaux.

1435. La ville est assiégée par Charles VII qui faisait la guerre contre son fils le dauphin Charles ; après une longue résistance, elle est prise d'assaut et pendant quinze jours livrée au pillage par les soldats du roi qui se retirèrent « bien aises et bien rafraîchis, y ayant trouvé force bien. »

1440. Pendant la Praguerie, le seigneur de Chabannes, à la tête des révoltés, s'empare d'Ebreuil ; Charles VII veut reprendre la ville, somme les habitants de se rendre, ce que « ces bonnes gens firent volontiers » et reste deux jours au milieu d'eux.

— A l'abbaye des religieuses bénédictines de Cusset a lieu la réconciliation de Charles VII et de son fils le Dauphin.

XVIe siècle. *1517.* A l'occasion du baptême du fils du connétable Charles de Bourbon, une fête est donnée à Moulins telle, dit Brantôme, « qu'un roi de France serait peut-être bien empêché d'en faire une pareille » ; y assistèrent Charles VII et une foule de seigneurs et de gens du peuple et y furent multipliés les festins, les joutes, les tournois, les mascarades, etc.

— A Moulins a lieu « le dernier duel autorisé par ordonnance du roi et en sa présence, duel entre Hélyon de Barbançois, seigneur de Sargay et Jean de La Tour, seigneur de Château-Roux. Il eut un grand retentissement et les historiens du Bellay et Brantôme en ont parlé très au long ; les deux combattants, après s'être noblement servi de leurs épées, finirent par se prendre au corps, la dague en main, et la mort de l'un d'eux allait s'en suivre, si le roi n'eût jeté entre eux son bâton royal pour les séparer et prononcer la sentence qui, après cette épreuve, rendait l'honneur à tous deux. » (De Solimont).

1523. A Moulins a lieu entre François Ier et le connétable de Bourbon une entrevue à la suite de la révélation de la conjuration du connétable ; celui-ci promet au roi de le rejoindre à Lyon, mais quelques jours après il se dirige vers La Palisse, puis rebrousse chemin tout à coup, repasse l'Allier et va se jeter dans son château de Chantelle, d'où il envoie au roi une lettre dans laquelle il s'engage à le servir « bien et loyalement... pourvu qu'il plût audit roi de lui rendre les biens du feu duc Pierre de Bourbon. » Le roi ayant lancé contre lui un ordre d'arrestation au premier bruit de sa retraite à Chantelle, le connétable se sauve sous un déguisement.

1527. Après la mort de Charles de Bourbon, tué au sac de Rome, François Ier, fait condamner sa mémoire par le Parlement de Paris qui de plus, à la requête du procureur général, déclare ses biens féodaux dévolus à la couronne et ses autres biens confisqués.

1547. A Moulins, est célébré avec grande solennité le mariage d'Antoine de Bourbon et de Jeanne d'Albret, la mère de Henri IV.

— La ville est souvent ravagée par la peste, dont l'une des plus terribles fut celle de 1547, pendant laquelle les tribunaux et les autorités furent sur le point de siéger ailleurs.

1566. A Moulins se tient une assemblée d'États Généraux, pour remédier aux maux qui alors désolaient la France. Le chancelier Michel de L'Hospital exposa les causes des malheurs du royaume, « les insolences, les brigandages et les cruautés sans fin » des militaires et des gentilshommes, la licence et l'impunité, dues à ce « que les juges, amis dévoués ou esclaves rampants des grands, n'employaient leur pouvoir qu'à tolérer ou protéger même les attentats des plus forts contre les plus faibles, etc. » L'*Ordonnance de Moulins* renferme des réformes inspirées des conseils de L'Hospital et des discussions des États Généraux.

1568. Près de Cognat, les protestants, à la suite d'une heureuse mêlée de cavalerie, battent les catholiques et brûlent le château et l'église. La Fayette, seigneur de Cognat et propriétaire du château, est tué ; Poncenat, un des chefs protestants, périt victime de la méprise de ses propres soldats qui, la nuit, ne le reconnurent pas lorsqu'il poursuivait les fuyards.

— Les huguenots font le siège de Charroux et l'emportent d'assaut ; la garnison et les religieux d'un monastère voisin sont massacrés, la ville est démantelée, la plupart des maisons sont détruites ou saccagées par les soldats.

— La petite ville de Cerilly est prise par les protestants qui la livrent au pillage, passent les habitants au fil de l'épée et rasent les maisons.

1576. Henri III fonde à Moulins la *compagnie des chevaliers de l'oiseau* pour tirer à l'arbalète, à l'arquebuse et à l'arc le *pape-gay* ; la jeunesse de Moulins s'exerçait ainsi aux armes pour le service du roi. De grands privilèges étaient accordés à celui qui abattait l'oiseau. Le tir avait lieu sur le terrain situé entre le boulevard du Pont et la rue de l'Oiseau actuels.

— Vichy est assiégée et prise par les protestants.

1583-1585. Saint-Pourçain est ravagée par la peste.

1587. Pendant les guerres de la Ligue, Saint-Pourçain est du parti du roi : le ligueur Michelet ayant voulu s'opposer à l'entrée du sieur de Tavannes qui venait occuper la ville avec ses troupes, fut pendu à la porte de sa maison à un crochet de fer. En 1587, la ville ouvre ses portes aux ligueurs, pour rentrer trois ans plus tard sous l'autorité du roi.

1596. Gannat, qui pendant la Ligue, a toujours tenu pour Henri IV, est récompensé de sa fidélité par une charte qui lui confirme tous ses privilèges.

XVIIe siècle. *1629.* La ville de Moulins est ravagée par la peste : les habitants font le vœu de brûler jour et nuit devant l'image de la Vierge une ceinture de cire, appelée la *Bougie de la Roue,* aussi longue que le tour de la ville et des faubourgs.

1632. Elle fait le vœu d'une procession solennelle à Sainte Rosalie pour être protégée contre le retour des épidémies.

1649. Louis XIV, accompagné d'Anne d'Autriche, de son jeune frère et de toute sa suite, en revenant de Lyon, séjourne à Moulins où ils sont reçus avec pompe ; ils y rendent visite à la duchesse de Montmorency qui, depuis dix-sept ans, habitait le couvent de la Visitation. En pénétrant dans l'étroite cellule de la duchesse, il lui dit : « Vous n'auriez pas cru, Madame, voir jamais tant d'hommes dans une si petite chambre ; mais je me persuade qu'il n'y en aura pas ici un à qui il ne soit profitable d'y être entré. »

XVIIIe siècle. *1707.* A Bourbon-l'Archambault meurt Madame de Montespan qui, après sa disgrâce, y passa les douze dernières années de sa vie, presque oubliée.

1755. Un incendie détruit la plus grande partie du palais ducal de Moulins.

1778. L'horloge est détruite et, quelque temps après, plus de quatre-vingts maisons sont encore brûlées ; l'incendie faisait d'autant plus de ravages que ce n'est qu'à la fin du XVIIIe siècle que l'on eut des pompes et des seaux.

1790. A Moulins une grande partie de la ville est envahie par l'inondation et l'on ne peut circuler dans les rues qu'avec des barques.

XIXe siècle. *1804.* — Au manoir de Saint-Gerand-le-Puy est reçu le pape Pie VII, lorsqu'il vient à Paris pour le sacre de Napoléon.

1872. La piscine romaine de Bourbon-l'Archambault, la plus vaste connue selon Vitruve, est retrouvée lors de la reconstruction de l'hôtel Montespan.

CÉLÉBRITÉS.

Armée. — CHABANNES (Jacques de), grand maître-d'hôtel de France, sénéchal et maréchal de Bourbonnais et de Toulouse, né à La Palisse (1400-1453), commandait l'avant-garde sous les ordres de Jeanne d'Arc, au siège d'Orléans ; après avoir pris part à la Praguerie, il rentra en grâce auprès de Charles VII, et fit campagne contre les Anglais en Guyenne, où il fut blessé mortellement à la bataille de Castillon, après avoir tué de sa main le célèbre capitaine anglais Talbot. — PALISSE (Jacques II de Chabannes, seigneur de la), grand-maître et maréchal de France, né à Gannat (?-1525), fait gouverneur et lieutenant général pour le roi en Bourbonnais, Auvergne, Forez, Lyonnais, etc., puis gouverneur du Milanais. Il fut tué à la bataille de Pavie, mais son corps fut rapporté au château de La Palisse.

— BOURBON (Charles, duc de), connu sous le nom de connétable de Bourbon (1489-1527), devient chef de la maison de Bourbon par son mariage avec Anne, fille de son oncle Pierre, sire de Beaujeu. Il s'illustra aux batailles d'Agnadel, de Navare et de Marignan et, après avoir reçu de François Ier l'épée de connétable, il fut nommé vice-roi du Milanais. Mais dépouillé de ses biens par la reine-mère Louise de Savoie, il pactisa avec Charles-Quint contre François Ier, contribua à la victoire du premier à Pavie, mais fut tué au siège de Rome, au moment où il montait à l'assaut. — BOURDILLON (Imbert de la Platrière, seigneur de), maréchal de France (?-1567) a écrit des lettres conservées à la Bibliothèque nationale. — BERWICK (Jacques-Fitz-James, duc de), maréchal de France, né à Moulins (1660-1734), fils naturel du duc d'York, il prit une part active aux tentatives faites, après la révolution de 1688, pour replacer sur le trône son père Jacques II. Naturalisé Français, il servit sous Luxembourg et Villeroi, puis avec un commandement dans la guerre de la succession d'Espagne, il contribua à assurer le trône à Philippe V (victoire d'Almanza), qu'il devait combattre en 1719. En 1733, il fut tué au siège de Philippsbourg. — VILLARS (Claude-Louis-Hector, duc de), maréchal de France, né à Moulins (1653-1734), prit part à presque toutes les guerres de Louis XIV et de Louis XV, depuis la campagne de Hollande (1674) jusqu'aux opérations d'Italie en 1733. Il est célèbre surtout par son rôle dans la guerre de la succession d'Espagne : il remporta la victoire d'Hochstedt (1703) et sauva la France à Denain (1712). Il remplit aussi des missions diplomatiques à Vienne et à Rastadt en 1714 et dans les Cévennes, réussit à soumettre les Camisards. « Il fut, écrit Saint-Simon, le plus complètement et le plus constamment heureux de tous les millions d'hommes nés sous le long règne de Louis XIV. ». — RICHEMONT (Louis-Auguste-Camus, baron de), général, né à Montmarault (1770-1853), fut député de 1827 à 1837. — MORIO DE L'ISLE, maréchal de camp, né à Chantelle, s'enrôla comme volontaire en 1791 et se distingua dans les guerres de la Révolution.

VILLARS

Clergé. — DURAND de Saint-Pourçain (Guillaume), dominicain, théologien, prit le nom de sa ville natale (?-1326); il fut évêque du Puy. — LINGENDES (Claude de), jésuite, prédicateur, né à Moulins (1591-1660), composa en latin des sermons qui ont été traduits en français. — LINGENDES (Jean de), prédicateur, né à Moulins (1595-1655), fut aumônier de Louis XIII et évêque de Sarlat, puis de Mâcon, a fait l'oraison funèbre du duc de Savoie, Victor-Amédée, à laquelle Fléchier fit des emprunts pour l'oraison funèbre de Turenne. — RABUSSON (Paul), bénédictin, théologien, né à Gannat (1634-1717). —

Griffet (Henri), jésuite, historien et théologien, né à Moulins (1698-1771), est cité par Voltaire comme « un Pinde de science » ; il a publié une édition augmentée de l'*Histoire de France* du P. Daniel et plusieurs ouvrages tels que le *Traité des différentes preuves qui servent à établir la vérité de l'histoire*, etc. — Chatel (l'abbé Ferdinand-Toussaint-François), né à Gannat (1795-1857), fonda à Paris, après la Révolution de 1830, l'*Eglise catholique française*. Il supprimait la confession pour les laïques et le célibat pour les prêtres. Il niait la divinité de Jésus-Christ, dont il résumait ainsi la doctrine : « La loi naturelle, toute la loi naturelle, rien que la loi naturelle ».

Beaux-Arts. — Paroy (Jacques de), peintre verrier, né à Saint-Pourçain (XVIIe siècle) a vécu cent deux ans. Il passe pour être le peintre des vitraux de l'église Saint-Merry, à Paris. — Regnaudin (Thomas), sculpteur, né à Moulins (1627-1706), élève d'Anguier, membre de l'Académie de peinture et de sculpture, est l'auteur des bas-reliefs de la chapelle de la Visitation de Moulins, d'une des figures du tombeau de Henri II de Montmorency, et il a collaboré avec Girardon à l'*Apollon servi par les Muses* ; plusieurs de ses œuvres sont dans le palais et les jardins de Versailles. — Faure (Jean-Baptiste), chanteur dramatique, né à Moulins (1830-1899). Après avoir chanté à l'Opéra-Comique, il entra à l'Opéra où, dès le début, son succès s'affirma dans *Guillaume Tell* et ensuite surtout dans le Nelusko de l'*Africaine*. Sa création la plus brillante fut le rôle d'Hamlet. Il se retira en plein talent, en 1876.

J. B. FAURE

Droit. Economie politique. — Berryer (Claude), avocat au Parlement de Paris, né à Moulins (1665-1735). A collaboré avec Laurière à la publication de la *Bibliothèque des Coutumes* et a publié un *Recueil d'arrêts du Parlement*, etc. — Chabot de l'Allier (Georges-Antoine), jurisconsulte, né à Montluçon (1758-1819), siègea à la Convention et fut conseiller à la Cour de cassation.

Histoire. Erudition. — Bisot (Pierre), chanoine, érudit, né à Hérisson (1630-1696), s'occupa d'archéologie ; il a publié une histoire métallique de la République de Hollande. — Allier (Achille), graveur et antiquaire (1807-1836), l'auteur principal de *l'Ancien Bourbonnais*, description historique, archéologique et pittoresque.

Philosophie. Belles-Lettres. — Baude (Henri), poète, né à Moulins (1430-?) attaché successivement au dauphin Louis et à

Charles VII, il fut deux fois jeté en prison, la deuxième fois après la représentation d'une moralité politique favorable au roi, mais très vive contre la cour. S. Quicherat a publié en 1856 *Les Vers de maître Henri Baude, poète du quinzième siècle.* — VIGENAIRE (Blaise de), né à Saint-Pourçain (1523-1593), a fait des traductions de César, de Tite Live, de Philostrate, etc. Le Père Nicéron a donné le catalogue de ses ouvrages dans ses *Mémoires des hommes illustres de la République des lettres.* — BOURNIER (Estienne), poète, né à Moulins (1577-?) a fait des poésies qui semblent « pour l'amour plutôt que pour le souvenir de sa province. » Le *Jardin de Clémence* est un recueil de petites pièces françaises et latines. — LINGENDES (Jean de), poète, né à Moulins (1580-1616), est l'auteur de *Stances* et de poésies pastorales (*Les Changements de la Bergère Iris*). — GAULMIN (Gilbert), philologue, né à Moulins (1585-1665), est aussi connu comme lieutenant criminel au présidial de Moulins et conseiller d'État. Très versé dans les langues grecque et orientales, il a fait des traductions latines du roman grec de Rhodante et Dosiclès, de Brodzonnes, du *Livre des lumières en la conduite des rois,* apologues indiens, dont s'est inspiré La Fontaine. — TRACY (comte Antoine-Louis-Claude DESTUTT DE), philosophe (1754-1836), mêlé à la vie politique comme membre de la Constituante, du Sénat et enfin de la Chambre des Pairs, il est surtout connu comme philosophe ; il ramène, comme son maître Condillac, toutes les idées et toutes les facultés à la sensation. Ses principaux ouvrages sont *les Eléments d'Idéologie* et des essais ou mémoires sur Montesquieu et Kant. Il fut membre de l'Académie Française. — BANVILLE (Théodore Faullain de), poète, né à Moulins (1823-1891). Il est, écrit Théophile Gautier, « exclusivement poète ; pour lui la prose semble ne pas exister... De la poésie, il possède la note la plus rare, la plus ailée, le lyrisme. » Parmi ses nombreuses œuvres, on peut citer les *Odes funambulesques, les Cariatides, les Stalactites, Odelettes, les Rimes dorées,* etc. Il fit représenter plusieurs pièces de théâtre : *Gringoire* est toujours au répertoire de la Comédie Française. — DUCOIN (Georges), poète, critique et moraliste, né à Arfeuilles (1815-?).

DESTUTT DE TRACY

Cl. Nadar.

TH. DE BANVILLE

Sciences. — MIZAULD (Antoine), d'abord médecin, né à Montluçon (1520-1578), fut surnommé l'Esculape de la France. Il se livra ensuite à l'astrologie et fut admis dans l'intimité de Marguerite de Valois. Il publia plusieurs ouvrages en français et en latin. — PETIT (Pierre), ingénieur et physicien, né à Montluçon (1598-1677), fut l'ami de Descartes, dont il signala un des premiers les découvertes consignées dans sa dioptrique, et de Pascal avec qui il répéta les expériences de Torricelli sur le vide. Il fut nommé par Louis XIV commissaire provincial de l'artillerie et intendant général des fortifications. Il publia plusieurs ouvrages, dont *Le Moyen de pratiquer avec la règle les opérations du compas de proportion.* — DIANNYÈRE (Jean), médecin, né au Donjon (1711-1782), a publié une *Analyse des eaux de Bardon*, un *Essai sur la meilleure manière d'employer les vermifuges*, etc. — PÉRON (François), naturaliste et voyageur, né à Cerilly (1775-1810), attaché à l'expédition de Baudin aux terres australes, fit des expériences sur la température de l'eau de mer et rapporta plus de cent mille échantillons zoologiques. Il publia le *Voyage aux Terres Australes* fait pendant les années 1800-1804. — LAUSSEDAT (Aimé), officier et savant, né à Moulins (1819-1907), fut directeur des études à l'École Polytechnique et professeur de géométrie au Conservatoire des Arts et Métiers, dont il devint le directeur en 1881. Il a, pendant la guerre de 1870-71, présidé la Commission chargée d'établir des communications optiques entre Paris et les départements ; il s'occupa d'aérostation et fut blessé dans la catastrophe du ballon l'*Univers*. C'est à lui qu'on doit la loi de 1891 sur l'unification de l'heure légale en France.

COLONEL LAUSSEDAT

Politique. Administration. — DOYAT (Jean), secrétaire de Louis XI, né à Cusset (1440-1499), fut gouverneur de la haute et basse Auvergne. Il avait d'abord été attaché au service de Jean II, duc de Bourbon, qui se vengea de Doyat, après la mort du roi, en le faisant fouetter publiquement, et en lui faisant couper les oreilles et percer la langue d'un fer chaud comme calomniateur. Il fut réhabilité sous Charles VIII.

LES ARTS

L'antiquité. — Le département de l'Allier offre de l'antiquité romaine des vestiges nombreux, plus dans les objets d'industrie artistique que dans les édifices, dont les traces se reconnaissent à peine sur le sol. Les sources thermales attiraient les Romains et la petite cité de *Néris* a été édifiée à grands frais autour des eaux jaillissantes : là fut construit un établissement thermal grandiose ; pour amener à la ville des eaux potables, les Romains construisirent un aqueduc de près de 30 kilomètres de longueur, dont subsistent quelques parties intactes. Les historiens prétendent qu'il fallait quatre heures pour parcourir la ville ; c'est dire son importance. Néris avait un grand théâtre, de beaux monuments et les fouilles ont mis au jour piscine de marbre, colonnes et chapiteaux couverts de riches sculptures, architraves, antéfixes, statues, bas-reliefs, monnaies, bijoux, vases en métal précieux, en bronze, en verre ou en poterie, plaques de marbre avec inscriptions, réunis sous le péristyle de l'établissement actuel.

L'architecture religieuse romane. — La destruction fut l'œuvre des barbares et des Normands. C'est vers l'époque de l'an mille qu'on se mit véritablement à reconstruire, mais dans une architecture sans caractère local. Le Bourbonnais a peu de cohésion, dit Michelet ; il n'est qu'« une agrégation tout artificielle des démembrements des diverses provinces Berry, Bourgogne, Auvergne » et il n'a pu s'affranchir de leur influence. Dans les églises romanes se retrouve l'école auvergnate combinée avec l'école de Bourgogne. Plutôt auvergnate est l'église *Saint-Léger d'Ebreuil*, l'une des premières construites, qui appartenait à une abbaye de bénédictins fondée en 971. Elle a un transept très simple ; à l'Ouest une tour barlongue à deux étages de fenêtres surmonte un marbre à trois nefs ; à l'Est, une coupole sur la croisée ; la grande nef et le bas-côté droit sont simplement couverts d'une charpente. Plutôt bourguignonne est l'église d'*Yzeure*. L'école bourguignonne qui, dit M. Enlart, « est une des plus belles et certainement la plus hardie des écoles romanes, » a construit dans l'église de *Saint-Menoux* le transept et le chœur avec rond-point et le porche ou narthex ; dans celle d'*Autry Issards*, le portail et, au premier

Cl. Mon. hist.

EGLISE D'ÉBREUIL

étage de la tour, les arcades triangulaires, qui sont le caractère dominant de l'architecture bourbonnaise des XIᵉ et XIIᵉ siècles.

Cl. Mon. hist.

PORTAIL OUEST DE L'ÉGLISE DE MEILLERS.

Les deux écoles se juxtaposent dans l'église *Saint-Etienne de Gannat*, du XIᵉ siècle, un des types les plus anciens de cette architecture moitié auvergnate, moitié bourguignonne, et dans

Chatel-Montagne, où la façade Ouest, élevée sur onze marches, précède un beau narthex surmonté d'une tribune.

L'architecture religieuse gothique. — Les églises d'*Agonges*, de *Buxières-les-Mines*, de *Cosnes-sur-l'Œil*, de *Malicorne*, de *Verneuil*, sont de l'époque de transition et nous acheminent vers l'époque gothique. Du plus pur style primaire gothique de la fin du XIIe siècle est dans l'église d'*Ebreuil*, le chœur en rond point avec cinq chapelles rayonnantes : il est imité de celui de Saint-Denis. De même à l'église *Sainte-Croix de Saint-Pourçain-sur-Sioule*, le rond-point, qui devait donner au vaisseau l'aspect d'une petite cathédrale et qui n'a été exécuté qu'en partie, présente des chapelles rayonnantes, dont l'une rappelle les chapelles de Saint-Denis et témoigne du projet que l'on avait au milieu du XIIe siècle, de bâtir un chœur à l'imitation de celui de cette église. Le gothique se retrouve encore à *Gannat*, dans le chœur de l'église de *Souvigny*, dans la grande chapelle d'*Yzeure*, dans quelques parties d'*Ygrande*.

Mais les églises de la belle période ogivale des XIIIe et XIVe siècles sont extrêmement rares. Elles sont plus nombreuses au XVe. Dès 1376, les formes flamboyantes se trouvent dans la clôture de la chapelle funéraire de *Souvigny*. Mais la *cathédrale de Moulins* est un des spécimens les plus remarquables du style gothique flamboyant avec ses arcs-boutants, qui « se soumettent au jeu de la courbe et de la contrecourbe » et « dont le talus décrit une ligne infléchie en demi-accolade. » (Enlart). Le chœur, bâti de 1468 à 1505 par MUSNIER, est bordé d'un déambulatoire qui se termine en carré par un bas chevet plat, tandis que le haut chevet de la nef centrale, qui s'y inscrit, est à pans coupés. A l'extérieur, sont de riches et très beaux remplages de fenêtres, des galeries ajourées courant au-dessus des chapelles et au niveau de la toiture. Au XIXe siècle, — les trois siècles précédents n'ont donné aucune église digne d'être mentionnée — au beau vaisseau de la cathédrale de Moulins a été accolée, sans transept, une triple nef de cinq travées de style gothique primaire, dont la façade ouest est dominée par deux tours à flèches de pierres hautes de 95 mètres.

Dans le Bourbonnais comme ailleurs, toutes les églises ont été plus ou moins remaniées, agrandies, reconstruites, restaurées ; l'édifice le plus beau et le plus curieux du Bourbonnais, l'église *Saint-Pierre de Souvigny*, « présente, écrit de Jolimont, une telle réunion de types et de styles différents, depuis le roman primitif jusqu'à la dernière période ogivale, qu'on pourrait presque y trouver tous les documents d'une histoire de l'architecture religieuse du Moyen Age en France ». Elle fut construite de 1088 à 1114 par les soins des abbés de Cluny et, comme l'église abbatiale de Cluny dont elle relevait, elle a cinq nefs. Elle fut augmentée de quelques jolies chapelles au XIVe et au XVe siècles ; elle perdit alors son narthex dont il n'est resté qu'un mur latéral au sud, un nouveau portail fut construit à la façade ouest et la base des deux tours romanes qui la dominent fut réhabillé.

Cl. Neurdein.

CATHÉDRALE DE MOULINS

La sculpture religieuse. — Comme dans l'architecture, à l'époque romane, double influence auvergnate et bourguignonne dans la sculpture, à *Souvigny* et dans les chapiteaux des églises de *Chantelle* et de *Saint-Menoux* ; sont bien auvergnats les chapiteaux historiés de *Sainte-Croix de Gannat*, et la timidité de l'école auvergnate à aborder les grandes scènes, se reconnaît dans le linteau de *Meillers*, « où le Christ bénissant est entouré de dix apôtres de dimensions minuscules, séparés par des colonnettes torses supportant de petites arcatures. » (André Michel). Ces sculptures sont d'un travail assez rudimentaire, car l'école auvergnate se pliait peu aux « influences d'essence et de suggestion plus fines que les ivoires apportèrent » ailleurs aux meilleurs d'entre les sculpteurs.

Cependant dès l'époque romane, mais surtout plus tard, la sculpture du Bourbonnais est d'un art souvent plus délicat : dans les bas-reliefs des portails romans de *Bellenaves* et de *Meillers*, dans les modillons de *Malicorne*. Au XVe siècle, elle donnera souvent à ses bas-reliefs un décor pittoresque de paysages. La statuaire, dès le XIIIe siècle, orne les églises d'images de la Vierge et de Saints à *Saint-Germain-des-Fossés*, à *Bourbon-l'Archambault*, où l'on voit une belle Vierge du XIVe siècle ; de gracieuses statues de sainte Madeleine à *Saint-Pierre de Montluçon*, et de Sainte-Suzanne à *Chantelle* ; à la *cathédrale de Moulins* un saint Christophe du XVIe siècle et une Vierge du XVIIIe, tous deux en marbre blanc.

Mais plus célèbres sont les statues dont la sculpture funéraire a décoré les **tombeaux** des églises du Bourbonnais. A *Saint-Pierre de Souvigny*, la chapelle Vieille et la chapelle Neuve ont été ajoutées, l'une en 1376 pour contenir le tombeau de Louis II de Bourbon et de sa femme Anne d'Auvergne, l'autre, plus grande et plus riche, vers 1440, pour renfermer le tombeau de Charles Ier († 1456) et de sa femme Agnès, fille de Jean sans Peur. A comparer ces deux tombeaux, on juge de la différence des caractères de l'art de deux époques. Dans la première, « les plis, écrit M. André Michel dans son *Histoire de l'Art*, ont encore les sinuosités traînantes et collantes des miniatures de Beauneveu ; mais le rythme en est large et l'expression vraiment belle. Les deux statues, en marbre blanc, posées sur la pierre tombale aux moulures puissantes ont beaucoup de noblesse... A les comparer à celles du tombeau de Charles de Bourbon et d'Agnès que JACQUES MOREL exécutera quarante ans à peine plus tard, on peut d'un regard mesurer tout ce que devait apporter de tumultueux et de brillant le lyrisme des sculpteurs bourguignons. Les deux chiens couchés aux pieds des personnages et dont l'un joue avec sa laisse sont d'un réalisme charmant... L'imagier... s'est appliqué à mettre en valeur la luxuriante chevelure de Charles de Bourbon... rassemblée en bouclettes formant un large bourrelet qui laissait le front et les oreilles à découvert. »

A la *cathédrale de Moulins*, un petit monument funéraire figurant en demi-relief un cadavre rongé par les vers est un

Cl. Mon. hist.

ÉGLISE DE SOUVIGNY

spécimen de ce réalisme assez macabre qui, dès la fin du XIVe siècle, exposait aux vivants le travail de décomposition opérée par la mort. La *chapelle du Lycée Banville* renferme le magnifique *mausolée du dernier duc de Montmorency*, élevé par sa veuve, la princesse des Ursins. Ce tombeau, dont FRANÇOIS ANGUIER a donné le plan général est d'une belle ordonnance classique ; des colonnes corinthiennes en marbre noir supportent un entablement et un fronton d'une exécution soignée. En avant, sur un socle, également en marbre noir, est le sarcophage, sur lequel le prince, vêtu d'une cotte d'armes romaine, est à demi-couché. A droite, au second plan, est assise la duchesse, les mains jointes. Quatre statues, plus grandes que nature, présentent un mélange du sacré et du profane, de héros païens et de vertus chrétiennes : à gauche, Hercule symbolise la Force, à droite une Femme tenant une bourse ouverte, la Charité. Entre les colonnes, à gauche le Dieu Mars symbolise le courage militaire, à droite se tient la Religion. Toutes les statues en marbre de Carrare ont été exécutées par REGNAUDIN de Moulins et par THIBAUT POISSANT.

Cl. Neurdein.
TOMBEAU DU DUC DE MONTMORENCY A MOULINS

La peinture religieuse et le vitrail. — Dans le Bourbonnais, les églises des plus petits villages ont été soigneusement décorées : colonnes marbrées, chapiteaux peints, sur les murs un dessin relevé par une étoile ou une fleur. Des **fresques** du XIIIe siècle couvrent les murs de *Saint-Gérand-le-Puy* ; à *Bègues*, elles sont du XIVe ; à *Agonges* et à *Yzeure*, du XVe. Mais c'est à la *cathédrale de Moulins* qu'est l'œuvre capitale de la peinture dans le Bourbonnais, le magnifique *retable* qui fait partie d'une série de belles peintures groupées sous le nom du MAITRE DE MOULINS ou MAITRE DES BOURBONS : au centre est la Vierge glorieuse avec l'Enfant Jésus, entourée d'anges et, sur les volets, le duc Pierre II de Bourbon et la duchesse Anne de France, fille de Louis XI, avec sa fille Suzanne, tous deux assistés de leur patron ; fermé, le triptyque montre en grisaille l'*Annonciation*. Faut-il voir dans le Maître de Moulins un artiste du temps, JEAN PERRÉAL, alors célèbre, mais qui n'est

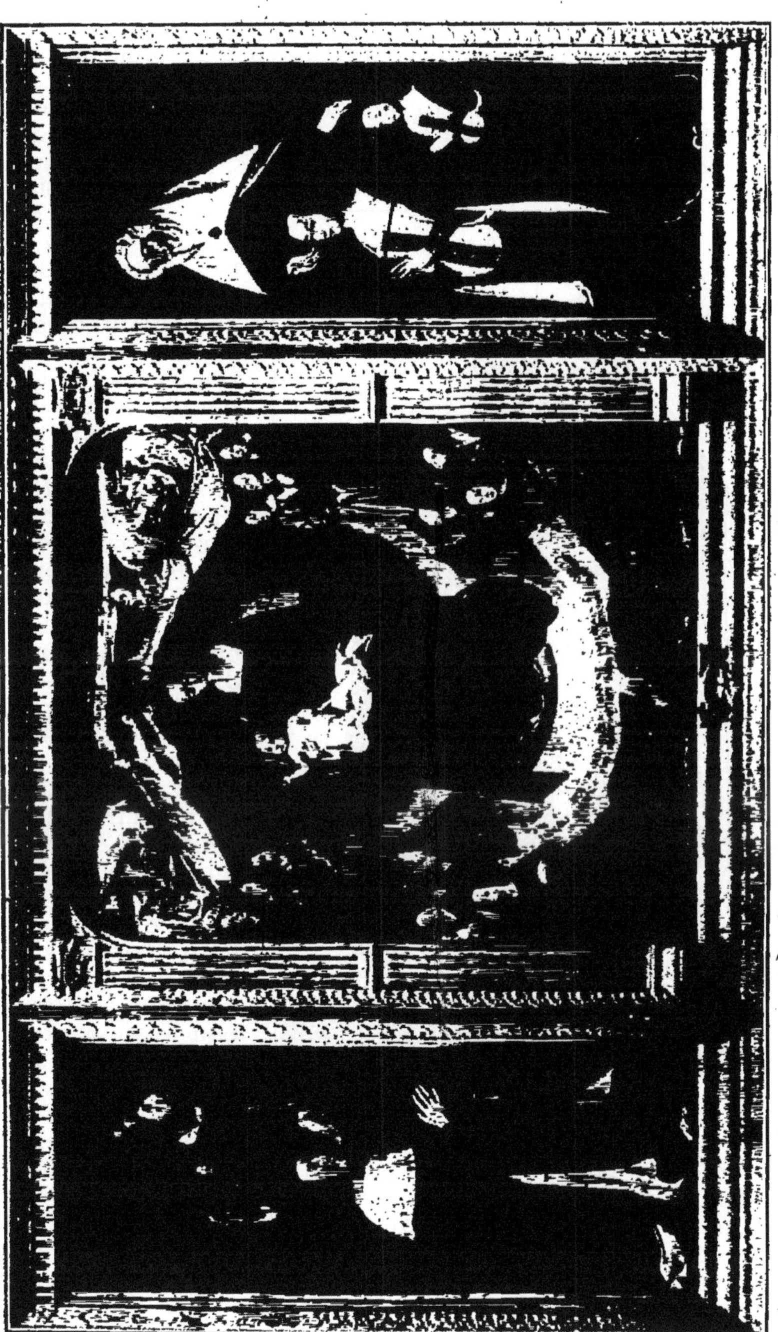

Cl. Neurdein.

TRIPTYQUE DU MAITRE DE MOULINS DANS LA CATHÉDRALE DE MOULINS.

connu que par des documents d'archives? Plus assurée est la notoriété de deux peintres auxquels la ville de Montluçon a donné son nom et qui eux aussi vivaient à la fin du xve siècle, Jean et Jacques de Montluçon. C'est à Jean que doit, semble-t-il, être attribué dans l'église Notre-Dame le polyptyque de la *Vie de la Vierge,* divisé en six volets, peint sur bois et formant retable.

Cl. Mon. hist.

DONJON DE HURIEL

La peinture sur verre a donné de beaux **vitraux** dans les églises du gothique flamboyant, où il convient de tamiser la lumière passant à travers les vastes fenêtres. C'est ainsi qu'à la *cathédrale de Moulins,* les trois fenêtres hautes du fond du chœur et douze des fenêtres basses des chapelles et du mur droit du chevet, sont garnies de magnifiques verrières de la fin du xve siècle et du xvie qui, outre leur valeur artistique, offrent un grand intérêt pour l'histoire du Bourbonnais par leurs portraits et leurs armoiries. Les ducs de Bourbon avaient groupé autour d'eux de grands artistes qui échappent encore à l'influence italienne. Ces vitraux sont typiques: c'est, écrit M. Mâle, «l'art français tel qu'il était sorti des mains des artistes de la Touraine. » Le vitrail est devenu un tableau ; l'un d'eux est conçu comme un triptyque du Maître de Moulins. « Les donateurs, présentés par saint-Pierre et sainte-Barbe, sont agenouillés devant la Vierge assise sur un trône et entourée d'une cour d'anges. L'architecture qui couronne le vitrail n'isole plus les

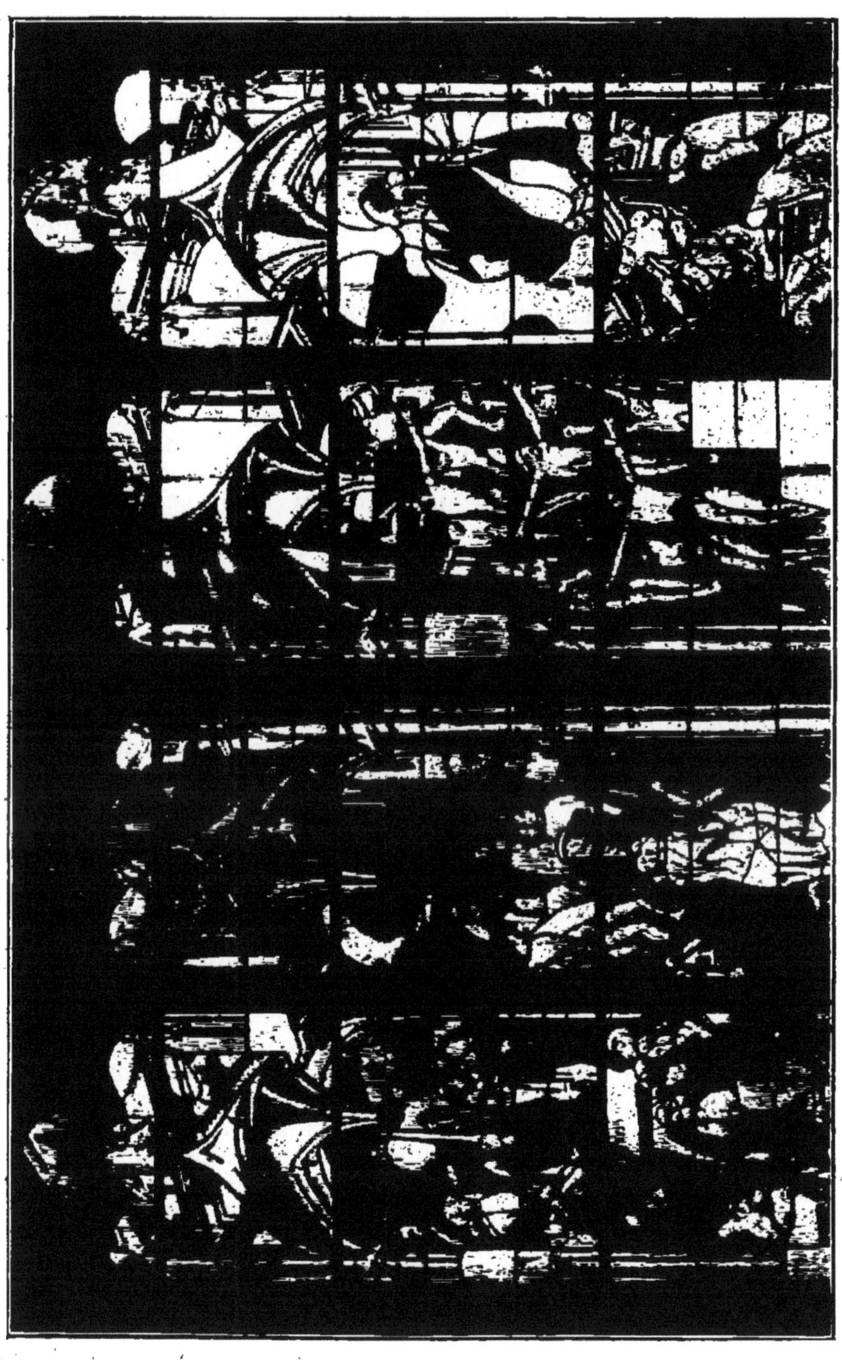

Cl. Mon. hist.

VITRAIL DE LA CATHÉDRALE DE MOULINS

personnages : on croit voir simplement le riche cadre en bois découpé d'un tableau. » Les belles verrières de *Bourbon-l'Archambault*, qui racontaient l'histoire de la Sainte-Croix et celles de *Souvigny* ont en grande partie été détruites.

L'architecture militaire. — Au Moyen Age, le clergé construisait des églises, les barons des châteaux forts : dans le Bourbonnais l'architecture militaire ne tient pas moins de place que l'architecture religieuse. Partout le département de l'Allier est couvert d'anciennes forteresses plus ou moins ruinées, donjons, tours ou débris d'enceinte, depuis la simple motte, naturelle ou artificielle, sur laquelle se dressait le donjon primitif : à *Bagneux* par exemple et à *Teillet*. Primitivement en bois, le donjon fut bientôt construit en pierre, d'abord carré ou en rectangle barlong, comme à *Huriel*, où l'énorme donjon en granite gris avait des murs de plus de deux mètres d'épaisseur ; il était renforcé de contreforts larges et plats, comme souvent à cette époque, où parfois aussi il était accosté d'une tourelle d'escalier carrée. Plus tard est adoptée la forme polygonale, puis cylindrique, comme au *château de l'Ours*, à Saint-Genest, et des tours rondes ou carrées flanquent les murs d'enceinte. Le donjon reste toujours « l'âme de la défense ». Il garde son individualité, lorsqu'à l'époque gothique le château tend à devenir « un palais fortifié », dans lequel « tous les services d'un palais et d'une forteresse s'espacent à l'aise : logis de la garnison, cuisine, grande salle, chapelle, appartements du seigneur et de sa suite, magasins et arsenaux » ; avec le temps, le palais l'emportera sur la forteresse, à l'intérieur surtout, car si, à l'extérieur, certains détails marquent déjà le souci de l'élégance, la construction conserve l'aspect général de son origine militaire. Comme l'écrit Anthyme Saint-Paul, « si l'architecture militaire cède quelque chose à l'art civil, ce n'est pas du sien propre ; si elle laisse le maître de la maison prendre un peu plus ses coudées franches, elle ne se dresse pas moins fière en face de l'ennemi. Si l'intérieur de l'enceinte féodale s'affaiblit parfois, l'enveloppe reste massive et épaisse ».

On peut suivre cette histoire de l'architecture militaire dans les châteaux de l'Allier. Un des plus anciens est le château de *Chantelle*, bâti au XIe siècle sur l'emplacement de l'ancienne forteresse romaine de *Cantilia*, rajeuni et embelli par Anne de Beaujeu qui, entre 1504 et 1514, fit ériger sur les trois tours trois grandes statues de saint Pierre, sainte Anne et sainte Suzanne, patrons de son mari, d'elle-même et de leur fille ; il fut fortifié par Charles de Bourbon et démantelé après sa trahison (1527). Au XIIIe siècle, le château de *Murat*, un des plus importants du Bourbonnais, avait une forte enceinte de murailles, défendue par vingt-sept tours crénelées, qui enveloppaient tout le rocher isolé sur lequel il était bâti ; dans l'enceinte étaient renfermés les corps de logis et la chapelle. Le château le plus célèbre par sa masse et son étendue était le château de *Bourbon-l'Archambault*, qui n'avait été à l'origine qu'un poste militaire, mais fut reconstruit à partir du XIIIe siècle sur un rocher isolé dont la base est baignée par un immense étang. Il avait la forme d'un parallélogramme oblong peu régulier, défendu par un grand nombre de tours ; trois subsistent aujourd'hui, d'environ 35 mètres de hauteur, d'une circonférence de plus de 15 mètres, épaisses de 2 mètres et demi. Une quatrième plus grosse encore, qui domine la ville, la tour de Quiquengrogne, fut bâtie au XVe siècle pour contenir les habitants; elle renferme des cachots dans l'épaisseur de ses murs. Des remparts communiquaient par un pont crénelé avec un moulin fortifié du XIVe siècle.

Cl. Mon. hist.

CHATEAU DE BOURBON-L'ARCHAMBAULT

L'architecture civile. — C'est alors et au siècle suivant que le pays se couvrit des châteaux les plus nombreux ; mais déjà, et surtout au XIVe siècle, le seigneur ne se préoccupe plus seulement de la solidité de la forteresse : il a accompagné le roi en Italie et il faut que son château soit aussi une demeure de plaisance. Lorsqu'il ne construit pas, il transforme l'ancienne forteresse et c'est ainsi que le château de *Veauce*, bâti au XIVe et au XVe siècle, est complètement remanié dans le style de la Renaissance. Parmi les nouveaux châteaux construits alors, un des plus curieux est celui de Saligny, dont les corps de logis étaient flanqués de tourelles aux toits coniques avec des lucarnes à cariatides. De même le château d'*Avrilly* se présente avec une belle façade à tourelles de la Renaissance. Au XVIIIe siècle sont construits les châteaux de *Saint-Pont*, de *Creux*, etc., entourés de beaux jardins.

Mais alors ils ne sont plus du domaine de l'architecture militaire ; ils appartiennent à l'architecture civile qui transforme ou embellit d'anciennes forteresses : au château de *Bourbon-Busset*, qui remonte au XIIe siècle, l'on retrouve la porte d'entrée primitive avec voûte en ogive et des meurtrières ; ou bien ce sont des constructions entièrement nouvelles, parfois, il est vrai, avec des souvenirs d'archéologie militaire dans l'architecture ou dans la décoration.

Nombre de petits gentilshommes avaient trop peu de terres

Cl. Lemuet.

CHATEAU DE BOURBON-BUSSET

et de vassaux pour se donner un véritable château ; ils se contentaient souvent, aux abords des villes, dans les villages ou dans les champs, d'un **manoir**, moitié château, moitié ferme, empreint d'une « rusticité noble ». La plupart de ces manoirs ne remontent pas plus haut que le XVe siècle : près de *Souvigny* est un manoir fortifié du XIVe siècle ; mais ceux de *Bressolles*, de *Saint-Gérand-le-Puy*, de *Segange* à *Avermes*, d'*Orvalet* à Souvigny, sont du XVe et du XVIe siècles.

Dans les villes même, quelques seigneurs eurent un hôtel ; les ducs de Bourbon donnèrent l'exemple en s'établissant à Moulins dans un palais qui, successivement augmenté et embelli, offre un riche ensemble de constructions des XIVe, XVe et XVIe siècles. Deux parties subsistent qui témoignent du double caractère de ce château, une énorme tour carrée, divisée en sept étages et portant autrefois une couronne de mâchicoulis, et un charmant spécimen du style franco-italien de la Renaissance, le *pavillon d'Anne de France*, avec galerie dont la façade droite présente la saillie d'un pavillon central.

L'architecture massive de la cour dominait des **maisons en bois**, aux étages en saillie, des XIIIe, XIVe et XVe siècles, d'autres du XVIe siècle, aux poteaux recouverts des riches arabesques de la Renaissance, ou en briques mosaïquées ; on retrouve encore quelques-unes de ces maisons, dont la tour d'escalier forme souvent le motif capital de la décoration, ou bien avec des corniches feuillagées et des gargouilles, des consoles à figurines (un joueur de musette, un moine lisant), des figures satiriques, des

Cl. Neurdein.

ANCIENNE RÉSIDENCE D'ANNE DE BEAUJEU A MOULINS

boiseries sculptées à la porte cochère, un balcon soutenu par des cariatides. Bien d'autres villes sont curieuses par leurs vieilles maisons, dont beaucoup aux pans de bois, à *Souvigny*, *Billy*, *Cusset*, *Gannat*, *Montluçon*, *Jaligny*, *Châtel-Montagne*, etc.

La décoration. — Les églises et les châteaux ont des boiseries sculptées, des tapisseries, des ivoires, des émaux, des pièces de ferronnerie et d'orfèvrerie, comme, à l'église d'*Ebreuil*, l'admirable *châsse de saint Léger*, du XVe siècle, en cuivre doré et argenté avec personnages en relief, et le beau reliquaire en cristal de roche de la *chapelle du Lycée Banville* à Moulins, qui donnent une idée de la richesse artistique du département de l'Allier. Mais il suffit de visiter le Musée de Moulins pour avoir comme un raccourci de l'archéologie et des arts mineurs du Bourbonnais : on s'arrêtera surtout devant un manuscrit du XIIIe siècle qui est le joyau du Musée, la *Bible de Souvigny*, célèbre par la pureté de son texte et par ses cent-onze miniatures, dont cinq grandes compositions exécutées peut-être par un artiste byzantin, et revêtu d'une reliure à ornements de cuivre ouvragé.

LITTÉRATURE DU TERROIR.

Y a-t-il dans le Bourbonnais une littérature du terroir ? Comme l'écrit très bien M. van Bever, l'impersonnalité du Bourbonnais s'explique par son histoire. « Il en est des pays comme des individus ; ils ne valent que par leur résistance à tout ce qui n'est pas eux. Littérairement chaque province s'est formée sous l'action d'une culture renouvelée par l'immigration. Le Bourbonnais n'a connu que par instants les grands courants qui du Nord au Midi ont bouleversé les écoles poétiques. » Quelle personnalité pouvait avoir un pays qui n'a été, répétons-le avec Michelet, qu'« une agrégation tout artificielle des démembrements de diverses provinces, Berry, Bourgogne, Auvergne ? » La race y est un peu incolore, d'un caractère doux, facile et patient, avec peu d'aptitude pour les arts, les sciences, la littérature et tout ce qui réclame un effort de l'esprit.

Il y a eu des écrivains bourbonnais, on ne peut pas dire de grands écrivains, car, à part THÉODORE DE BANVILLE, lequel a un nom, lequel dépasse les limites de la région ou d'un petit cercle d'érudits ? Leurs œuvres n'ont de Bourbonnais que d'avoir été écrites par des écrivains originaires du Bourbonnais. La Chanson de JEAN DE LINGENDES, sur les *Changements de la Bergère Isis*, est certainement jolie ; mais sent-elle le parfum du terroir ? Ce n'est pas dans les plaines de l'Allier seulement qu'il y a eu des bergères à l'amour inconstant.

Théodore de Banville, dans une pièce de ses *Stalactites*, intitulée *A la Font-Georges* nous ramène un peu vers les champs et les visions de son enfance :

O source claire et froide,
Qu'ombrageait le tronc roide
D'un noyer vigoureux
A moitié creux !

Tonnelles et coudrettes,
Verdoyantes retraites
De peupliers mouvants
A tous les vents !

Peut-être dans le domaine du patois trouve-t-on une littérature plus locale. Mais celle-là même est-elle toujours bien du pays ? Parmi les contes, beaucoup sont venus d'Auvergne, de

Bourgogne et du Berry. Quelle est leur valeur? Ceux qui sont nés dans un village bourbonnais sont, suivant l'expression de M. Francis Perot, « taillés à coups de serpe. Les malins conteurs y ont ajouté ce qu'ils avaient sous la main, un grain de sel surtout pour les rendre un peu grivois. Presque dans tous, c'est la bêtise humaine qui se trouve exploitée. »

Qu'y a-t-il de particulièrement Bourbonnais — sinon la coutume locale — dans les *Noëls* que les jeunes *sacarots* (sacs à rôts) allaient du 24 novembre au 22 décembre chanter deux par deux dans les quartiers de Moulins et devant chaque porte ?

Réveillez-vous, gens de bien,
Nous n'avons pas chanté pour rien.

C'est peut-être la vieille chanson qui nous peindra le mieux par son ton triste, plaintif et gravement rythmé l'homme des champs du Bourbonnais, pour qui la vie est rude et qui « ne se livre pas à la joie avec une grande expansion. Il chante au labourage, mais en songeant tristement à l'avenir du blé qu'il a semé. » Mais de ses chansons en est-il une seule qui mérite d'être citée parce qu'elle serait Bourbonnaise autrement que par sa note mélancolique et langoureuse?

L'ALLIER TOURISTIQUE.

Les trois stations thermales de l'Allier appellent une visite. D'abord, non loin de *Moulins*, ville ancienne où se voient encore des maisons intéressantes et surtout quelques œuvres d'art de premier ordre, presque à l'orée de la forêt de Grosbois aux nombreuses promenades et d'où la vue s'étend par delà la Loire jusqu'aux monts du Morvan, *Bourbon-l'Archambault*, d'origine antique, située entre quatre collines dont l'une porte les ruines du célèbre château des ducs de Bourbon. Ensuite, à mi-chemin entre Commentry et Montluçon, cités proprement industrielles, *Néris-les-Bains*, station si coquette en un petit vallon. Enfin, et surtout, *Vichy*, de réputation mondiale, sur la rive droite de l'Allier et au débouché du vallon du Sichon : l'ample coulée de l'Allier, souvent coupée de bancs de sable, se déroule dans une large vallée très douce, à l'est de laquelle s'étagent en amphithéâtre de gracieuses collines vertes formant les derniers gradins des petits *monts de la Madeleine*. Ce massif de roches anciennes, qui est lui-même l'ultime expansion septentrionale du Massif Central, offre les sites les plus accusés et les plus pittoresques des environs de Vichy.

De Vichy, par la *route thermale d'Auvergne* (autocars du P.-L.-M. et du P.-O., l'été), on peut aisément, et en un ou deux jours, visiter Châtel-Guyon, Riom, Clermont-Ferrand, Royat, Saint-Nectaire, le Mont-Dore, la Bourboule, etc.

Au nord-ouest du département, Vallon-en-Sully, sur la ligne

de Paris à Montluçon, dessert *Hérisson*, vieille et curieuse petite ville bâtie en amphithéâtre sur la rive droite de l'Aumance et dominée par les ruines imposantes d'un château fameux perché sur un rocher escarpé. Hérisson, rendu célèbre par le séjour du peintre Harpignies qu'y suivirent de nombreux élèves, est une délicieuse villégiature, très fréquentée par les artistes, et un excellent centre d'excursions dans la charmante *vallée de l'Aumance*, réputée pour ses sites agrestes, et dans la *forêt de Tronçais*, grand massif domanial qu'on considère comme la plus belle chênaie de notre pays et qu'éclairent de superbes étangs.

D'Ebreuil on excursionne aux âpres *gorges* granitiques de *Chouvigny* ou de la Sioule.

Spécialités gastronomiques. — Tourtes à la viande de *Moulins*; carottes et asperges de *Vichy*; langue de mouton bourbonnaise aux navets; truites du Cher; écrevisses de la Bèbre; truffette bourbonnaise; sucre de paille et sucre d'orge; crus de Saint-Pourçain, Domérat et Côtes de la Loire.

OUVRAGES A CONSULTER.

P. Vidal de la Blache, *Tableau de la France*, Paris, 1903. — Joanne, *Dictionnaire géographique et administratif de la France*, Paris, Hachette. Articles : *Massif Central, Limagne, Bourbonnais*. Achille Allier, *L'ancien Bourbonnais*, Moulins, 1833-1838. — T. de Solimont, *L'Allier pittoresque*, Moulins, 1852. — Ernest Bouchard, *Poètes bourbonnais du* XIVe *au* XVIIe *siècle*. Bulletin de la Société d'Émulation de l'Allier, 1868-1869, XI, p. 325-442. — François Pérot, *Contributions au Folklore Bourbonnais* (*Les Cahiers du Centre*, 4e série, avril-mai 1912.)

DICTIONNAIRE STATISTIQUE, ARCHÉOLOGIQUE ET PITTORESQUE DES COMMUNES

⊠ Bureau de poste. — ⊤ Bureau de télégraphe. — ☎ Bureau de téléphone. — 🚉 Station de chemin de fer. — 🚉⊤ Station de chemin de fer avec bureau public de télégraphe. — RA. Recette auxiliaire. — Pour éviter des confusions, on a d'abord indiqué les organes par lesquels la commune est desservie, puis ceux dont elle est pourvue.

Abrest, 896 h., c. Vichy. ⊠ : Vichy. → Anc. chât. du Chaussin.

Agonges, 630 h., c. Souvigny. ⊠ : St-Menoux. — ⊤☎🚉. → Égl. XIIe s. (époque de transition) ; vantaux de l'époque ; fresques XVe s. ; cuve baptismale romane.

Ainay-le-Château, 1 596 h., c. Cérilly. ⊠⊤☎. → Égl. (m. h.) XIe, XIIe, XVe et XVIe s. — Ruines d'un chât. fort.

Andelaroche, 583 h., c. Lapalisse. ⊠ : Lapalisse. — ⊤☎.

Archignat, 589 h., c. d'Huriel. ⊠⊤☎ : Huriel. → Mégalithes. — Vue étendue du haut d'une butte.

Arfeuilles, 2 473 h., c. Lapalisse. ⊠⊤☎🚉. → Égl. ogivale moderne. — De la colline S-Pierre (539 m.), dominée par une statue de la Vierge, vue magnifique. — Ruine (XVe XVIe s.) du chât. de Montmorillon dans un site magnifique. — Cascade du Barbenan, haute de 14 m. en deux chutes, appelée Gour de la Pisserotte.

Arpheuilles-Saint-Priest, 651 h., c. Marcillat. ⊠⊤☎🚉.

Arronnes, 750 h., c. Mayet. ⊠ : le Mayet-de-Montagne. — ⊤☎. → Égl. XIIe s.

Aubigny, 224 h., c. (Ouest) de Moulins. ⊠ : Villeneuve-sur-Allier.

Audes, 690 h., c. Hérisson. ⊠⊤☎.

Aurouer, 450 h., c. Moulins (Ouest). ⊠ : Villeneuve-sur-Allier. — ⊤☎.

Autry-Issards, 531 h., c. Souvigny. ⊠ : Souvigny. → Curieuse égl. romane de style bourguignon ; la chapelle au N. du chœur est moderne ; portail roman signé ; clocher carré avec flèche en pierre XIIe s. ; précieux tableau de la fin XVe s. — Ruines d'un prieuré (XIIe s.).

Avernes, 890 h., c. (Ouest) de Moulins. ⊠ : Moulins. → Élégant manoir de Segange (XVIe s.).

Avrilly, 367 h., c. du Donjon. ⊠ : Bourg-le-Comte (Saône-et-Loire). → Chât. de diverses époques ; tour carrée à mâchicoulis XIVe s. ; tourelles ; porte d'entrée, à pavillons, de la Renaissance ; fossés pleins d'eau.

Bagneux, 389 h., c. (Ouest) Moulins. ⊠ : Villeneuve-sur-Allier. → Motte d'un anc. chât. — Égl. : abside XIIe s.

Barberier, 287 h., c. Chantelle. ⊠ : Etroussat.

Barrais-Bussolles, 603 h., c. Lapalisse. ⊠ : Lapalisse.

Bayet, 847 h., c. St-Pourçain. ⊠ : St-Pourçain-sur-Sioule. — ⊤.

Beaulon, 2 000 h., c. Chevagnes. ⊠⊤☎.

Beaune, 762 h., c. Montmarault. ⊠⊤☎ : Montmarault.

Bègues, 337 h., c. Gannat. ⊠ : Gannat. → Petite égl. romane bien conservée ; sous le porche, peinture XIVe s.

Bellenaves, 1 668 h., c. d'Ébreuil. ⊠⊤🚉. → Chât. fort XVIe s. Égl. (m. h.) XIIe s. ; clocher octogonal XIVe s. ; portail roman avec curieux bas-relief (la Cène).

Bellerive-sur-Allier, naguère **Vesse**, 2 367 h., d'Escurolles. ⊠⊤☎. → Source intermittente.

Bert, 878 h., c. Jaligny. ⊠⊤🚉.

Bessay, 1 275 h., c. Neuilly-le-Réal. ⊠⊤☎🚉. → Égl. romane. (m. h.). — Tombelle.

Besson, 1 190 h., c. Souvigny. ⊠⊤☎. → Égl. romane. — Monument mégalithique dit la Pierre du Joug.

Bézenet, 1 521 h., c. Montmarault. ⊠⊤🚉.

Billezois, 477 h., c. Lapalisse. ⊠ : Lapalisse.

Billy, 858 h., c. Varennes. ⊠⊤☎. → Restes d'une porte de ville (XIVe s.). — Ruines d'un chât. XIIIe et XIVe s. ; donjon bien conservé. — Maisons anc.

Biozat, 794 h., c. Gannat. ⊠⊤. → Égl. romane XIIe s. (m. h.).

Bizeneuille, 696 h., c. Hérisson. ⊠⊤☎.

Blomard, 480 h., c. Montmarault. ⊠ : Montmarault.

Bost, 225 h., c. Cusset. ⊠ : St-Étienne-de-Vicq.

Boucé, 830 h., c. Varennes. ⊠⊤🚉.

Bouchaud (Le), 557 h., c. du Donjon. ⊠⊤☎ : le Donjon.

Bourbon-l'Archambault, 2 931 h., ch.-l. c., arr. Moulins, station de bains, sur la Burge, qui sort d'un lac poissonneux. ⊠⊤☎🚉. → Égl. (m. h.) ; nef XIIe s. couverte d'un berceau brisé ; beaux chapiteaux ; croisillons remaniés XIXe s. ; chœur moderne ; chapelle latérale XVe s. Belle statue de Ste-Madeleine, XVe s. ; Vierge XVIe s. restaurée XIXe s. ; ponts XVIe s. ; bénitier de la fin XVIIe s. — Sur un rocher isolé que baigne un étang, belles ruines (m. h.) du chât. des ducs de Bourbon, reconstruit au milieu XIIIe s. ; de cette époque il reste les débris de la grande enceinte et la base des 3 belles tours N. Au XIVe s., on refit le sommet de ces tours et la courtine qui les relie ; on éleva le grand logis qui y est adossé, le moulin et une sainte-chapelle, enfin la grosse tour ronde établie vis-à-vis la ville et qui fut appelée *qui qu'en grogne* ; XVe s., une seconde sainte-chapelle, plus grande que la première, fut construite. Abandonnée après la trahison du connétable de Bourbon, le chât. se délabra peu à peu ; les ruines du grand logis sont la partie la plus intéressante. — Moulin fortifié très remarquable (XVe s.), sur un fossé du chât. restauré XIXe s. — Hôpital civil (1754) et hôpital militaire. — Promenade établie par le maréchal de la Meilleraie et embellie par Mme de Montespan ; elle forme terrasse et domine le Parc, dans lequel s'élèvent le bel établissement thermal et le Casino. — A proximité, l'anc. établissement, ou logis du roi, XVIIe s.

Braize, 378 h., c. Cérilly. ⊠ : St-Bonnet-Tronçais.

Branssat, 860 h., c. St-Pourçain. ⊠ ⊤ ☎.

Bresnay, 746 h., c. Souvigny. ⊠ ⊤ ☎.

Bressolles, 482 h., c. (Est) de Moulins. ⊠ : Moulins. ➝ Restes d'un chât. XIIIe et XVe s.

Brethon (Le), 942 h., c. Hérisson. ⊠ ⊤.

Breuil (Le), 1 190 h., c. Lapalisse. ⊠ ⊤ ☎ ⌂.

Brout-Vernet, 1 286 h., c. Escurolles. ⊠ ⊤ ☎. ➝ Égl. romane ; anc. peinture murale ; belle copie anc. d'une Ste-Famille de Van Eyck. — Dans le cimetière, tombeau du ministre Rouher († 1884).

Brugheas, 1 042 h., c. Escurolles. ⊠ : Cognat-Lyonne.

Busset, 1 314 h., c. Cusset. ⊠ ⊤ ☎. ➝ Anc. chât. de Bourbon-Busset XIIe et XIVe s., restauré et embelli de nos jours ; haute tour dite de Riom (XIVe s.), surmontée d'une galerie en briques et en pierre (belle vue sur la Limagne et le Livradois) ; trois autres tours flanquent le chât. ; vastes salles XVe et XVIe s. avec décoration et meubles XVIe s. ; souterrains profonds ; chapelle extérieure romane ; chapelle intérieure XIIIe s., rebâtie XIXe s.

Buxières-les-Mines, 2 822 h., c. Bourbon-l'Archambault. ⊠ ⊤ ☎ ⌂. ➝ Égl. romane (m. h.) — Chât. ruiné de la Condamine (XIIIe s.). — Cascade des Rocs.

Celle (La), 967 h., c. Marcillat. ⊠ : Commentry.

Cérilly, 2 428 h., ch.-l. c., arr. Montluçon, près de la source de la Marmande. ⊠ ⊤ ☎. ➝ Égl. (m. h.) en partie romane ; saint-sépulcre de 1692 ; tour centrale carrée portant un étage octogonal gothique. — Dans le cimetière, tombe de l'écrivain Charles-Louis Philippe ornée de son buste par Bourdelle.

Cesset, 583 h., c. St-Pourçain ⊠ : St-Pourçain-sur-Sioule.

Chabanne (La), 795 h., c. Mayet-de-Montagne. ⊠ : St-Clément.

Chambérat, 787 h., c. Huriel. ⊠ ⊤.

Chamblet, 1 040 h., c. (Est) Montluçon. ⊠ ⌂ ⊤.

Chantelle, 1 454 h., ch.-l. c., arr. Gannat, sur la rive g. de la Bouble. ⊠ ⊤ ☎ ⌂. ➝ Dans l'égl. paroissiale, magnifique chapiteau roman servant de bénitier. — Sur un petit promontoire, anc. abbaye de Génovéfains (m. h.) : égl. romane XIIe s., avec façade XVIIe s. ; cloître (XIIe s. et fin XVe). — A côté du monastère, restes du chât. des ducs de Bourbon, bâti XIe s., embelli par Anne de Beaujeu et remanié par le connétable de Bourbon ; François Ier le fit démanteler. Ce chât. avait remplacé la forteresse romaine de *Cantilia*.

Chapeau, 465 h., c. Neuilly-le-Réal. ⊠ : Montbeugny. — ⊤ ☎.

Chapelaude (La), 1 091 h., c. Huriel. ⌂ ⊤. — ⊠. ➝ Égl. romane et autres restes d'un prieuré.

Chapelette (La), *V.* St-Éloy-d'Allier.

Chapelle (La), 725 h., c. Cusset. ⊠ : Molles.

Chapelle-aux-Chasses, (La), 438 h., c. Chevagnes. ⊠ : Chevagnes. — ⊤ ☎.

Chappes, 521 h., c. Montmarault. ⊠ : Murat. — Égl. romane (m. h.). — Croix de carrefour (m. h.).

Charell-Cintrat, 689 h., c. Chantelle. ⊠ : Chantelle. — ⌂. ➝ Égl. romane. Chât. sur la Bouble, belles cheminées de la Renaissance.

Charmeil, 294 h., c. Escurolles. ⊠ : St-Rémy-en-Rollat. — ⊤ ☎. ➝ Chât. XVIIIe s.

Charmes, 405 h., c. Gannat. ⊠ : Biozat.

Charroux-d'Allier, 746 h. c. Chantelle. ⊠ ⊤ ⌂. ➝ Égl. romane (m. h.). Tour XVe s. servant de beffroi.

Chassenard, 796 h., c. Donjon. ⊠ : Digoin (Saône-et-Loire). — ⊤ ☎.

Chateau-sur-Allier, 481 h., c. Lurcy. ⊠ : le Veurdre.

Chatel-de-Neuvre, 770 h., c. Montet. ⊠ ⊤ ☎. ➝ Curieuse égl. romane.

Chatel-Montagne, 1 121 h., c. Mayet. ⊠ ⊤ ☎. ➝ Remarquable égl. romane (m. h.) : nef et bas-côté, datant de 1100 environ ; les voûtes furent surélevées vers 1150 ; chœur et déambulatoire reconstruits à la fin XIIe s. (4 chapelles rayonnantes en hémicycle) ; à la même époque, on construit devant la façade un porche à étage qui frappe par la beauté sévère de sa composition ; joli clocher central, du début XIIIe s., jadis surmonté d'une flèche de pierre. — Maisons en pans de bois XVIe s. — Chât. ruiné.

Chatelperron, 499 h., c. Jaligny. ⊠ : Jaligny. — ⌂ ⊤. ➝ Égl. XIIe s. ; beau portail roman. — Ruines d'un chât. XVe s. — Restes d'une commanderie de Templiers (XIIIe s.).

Chatelus, 316 h., c. Lapalisse. ⊠ : Arfeuilles.

Chatillon, 720 h., c. Montet. ⊠ : Noyant-d'Allier.

Chavenon, 427 h., c. Montmarault. ⊠ ✝ ⚲. — 🏨 ✝.

Chavroches, 676 h., c. Jaligny. ⊠ ✝ ⚲. — 🏨 ✝. ➝ Ruines d'un chât. flanqué de tourelles (xve s.); au sommet d'un roc escarpé belle vue.

Chazemais, 740 h., c. Huriel. ⊠ : Vallon-en-Sully.

Chemilly, 545 h., c. Souvigny. ⊠ ✝ ⚲. ➝ Égl. XIe ou XIIe s. (m. h.). — Vieux chât. de Chemilly, des Rognons, des Foucauds et de Soupaize ; ce dernier a conservé des tours et des murailles crénelées.

Chevagnes, 952 h., ch.-l. c., arr. Moulins. ⊠ ✝ ⚲. ➝ Égl. XIIe s.

Chezelle, 341 h., c. Chantelle. ⊠ ✝ ⚲ : Chantelle. ➝ Égl. romane.

Chézy, 384 h., c. Chevagnes. ⊠ : Lusigny.

Chirat-l'Eglise, 688 h., c. Ébreuil. ⊠ : Louroux-de-Bouble.

Chouvigny, 688 h., c. Ébreuil. ⊠ : Lalizolle. ➝ Dans un site austère, sur la Sioule, qui coule avec fracas au pied d'énormes rochers, vieux chât. restauré par le duc de Morny, un de ses derniers propriétaires.

Cindré, 780 h., c. Jaligny. ⊠ ✝ ⚲. ➝ Chât. rebâti à la fin de Louis XIV ; gros donjon carré XIIIe s. renfermant des fresques curieuses XIIIe ou XIVe s. (scènes de chevalerie).

Cognat-Lyonne, 594 h., c. Escurolles. ⊠ ✝ ⚲. ➝ Égl. romane remarquable XIIe s. (m. h.), comprenant une nef sans bas-côtés, un transept, une abside flanquée de 2 absidioles ouvrant directement dans les croisillons et un clocher octogonal.

Colombier, 602 h., c. Commentry. ⊠ : Commentry. ➝ Égl. romane avec parties XVe s., fortifiée ; clocher, portail et chapiteaux intéressants.

Commentry, 10 256 h., ch.-l. c., arr. Montluçon, ville industrielle. ⊠ ✝ ⚲. — 🏨 ✝. ➝ Chât. moderne des Forges, avec les restes d'une vieille tour.

Contigiy, 831 h., c. Montet. ⊠n: St-Pourçain-sur Sioule. — ✝ ⚲.

Couleuvre, 1 502 h., c. Lurcy. ⊠ ✝ 🏨. ➝ Égl. romane (m. h.).

Courcais, 732 h., c. Huriel. ⊠ ⚲ ✝ 🏨.

Coutansouze, 348 h., c. Ébreuil. ⊠ : Louroux-de-Bouble.

CHATEAU DE CHANTELLE

Cosne-d'Allier, 566 h., c. Hérisson. ⊠ ✝ ⚲ 🏨. ➝ Égl. de transition romano-gothique.

Coulandon, 566 h., c. (Ouest) Moulins. ⊠ : Moulins. — 🏨. ➝ Égl. romane (m. h.). — Anc. chât.

Coulanges, 606 h., c. Dompierre. ⊠ : Pierrefitte-sur-Loire.

Couzon, 504 h., c. Lurcy. ⊠ : St-Léopardin.

Créchy, 506 h., c. Varennes. ⊠ 🏨 ✝.

Cressanges, 1 331 h., c. Montet. ⊠ ✝ ⚲.

Creuzier-le-Neuf, 567 h., c. Cusset. ⊠ : Cusset.

Creuzier-le-Vieux, 1 001 h. c. Cusset. ⊠ : Cusse t. ➝ Égl. romane. — Restes du chât. du Lauzet (XIVe ou XVe s.).

Cusset, 6 598 h., ch.-l. c., arr. Lapalisse, station de bains. ⊠ ⊤ ☏ ⌂. ➤ Bel établissement de bains Ste-Marie. — Maisons XVe et XVIe s. — Forte tour XVe s., reste des remparts. — Anc. abbaye, renfermant la mairie, les tribunaux et le théâtre ; dans la cour, beau platane, datant de 1803. — Beaux boulevards.

Deneuille, 227 h., c. Chantelle. ⊠ : Chantelle. ➤ Grottes de la Rochette.

Deneuille-les-Mines, 708 h., c. (Est) de Montluçon. ⊠ : Villefranche-d'Allier. — ⊤ ☏.

Désertines, 2 923 h., c. (Est) Montluçon. ⊠ ⊤ ☏.

Deux-Chaises, 966 h., c. Montet. ⊠ ⊤ ☏.

Diou, 1 564 h., c. Dompierre. ⊠ ⊤ ☏ ⌂. ➤ Abbaye de Sept-Fonds, de l'ordre de Cîteaux, fondée en 1132, rétablie de nos jours par les Trappistes, qui y avaient annexé une grande ferme modèle et l'ont de nouveau abandonnée en 1902. L'égl. conserve une abside romane.

Domérat, 2 830 h., c. (Ouest) de Montluçon. ⊠ ⊤ ☏. — ⌂ ⊤. ➤ Égl. romane : chœur et crypte classés.

Dompierre-sur-Besbre, 3 066 h., ch.-l. c., arr. Moulins. ⊠ ⊤ ☏ ⌂.

Donjon (Le), 1 780 h., ch.-l. c., arr. Lapalisse. ⊠ ⊤ ☏. ➤ Vieux chât. des Plantais.

Doyet, 1 786 h., c. Montmarault. ⊠ ⊤ ☏ ⌂. ➤ Beau mausolée du général Courtais. — Gros pavillon féodal XVe s.

Droiturier, 744 h., c. Lapalisse. ⊠ ⊤ — Égl. romane. Vestiges d'un cloître XIIe s.

Durdat-Larequille, 1 572 h., c. Marcillat. ⊠ ⊤ ⌂.

Ebreuil, 1 563 h., ch.-l. c., arr. Gannat, sur la Sioule. ⊠ ⊤ ☏ ⌂. ➤ Égl. (m. h.), reste, avec le palais abbatial (XVIIe s.), d'une importante abbaye bénédictine fondée en 971 ; important clocher inachevé, du milieu XIIe s., dont la base forme un porche embrassant la largeur de la façade ; belle nef et transept de style roman auvergnat, de la seconde moitié XIe s. (bas-côté S. refait XVIIIe s.) ; chœur avec déambulatoire refait dans la première moitié XIIIe s., dans le style de l'Ile-de-France ; remarquables peintures murales XIIe et XVe s. ; la porte a des ferrures XIIe s. ; châsse XVe s., renfermant les reliques de St-Léger. — Anc. égl. paroissiale (XVe s.), servant de halle au blé.

Echassières, 820 h., c. Ébreuil. ⊠ ⊤. ➤ Ruines du chât. fort de Beauvoir, sur une colline dominant le bourg.

Escurolles, 741 h., ch.-l. c., arr. Gannat. ⊠ ⊤ ☏ ⌂. ➤ Ruines d'un prieuré de Génovéfains. Égl. romane XIe s.

Espinasse-Vozelle, 572 h., c. Escurolles. ⊠ : Cognat-Lyonne. — ⊤ ☏.

Estivareilles, 602 h., c. Hérisson. ⊠ ⊤. ➤ Lanterne des morts XIIe s. — 2 menhirs : la Croix-Brouzeau et la Croix de la Grenouillère.

Etroussat, 934 h., c. Chantelle. ⊠ ⊤.

Ferrières-sur-Sichon, 1 405 h., c. Mayet. ⊠ ⊤ ☏ ⌂. ➤ Égl. XVIe s. — Vieux chât., restauré. — Grotte aux Fées, à stalactites. — Cascade des Fées, remarquable par son volume d'eau. — Roc St-Vincent, énorme masse trachytique haute de 33 m. (belle vue). — Belles ruines du chât. de Montgilbert, sur un mamelon isolé de 550 m. d'alt. ; 8 tours rondes XVe s. reliées par d'épaisses courtines ; chapelle gothique. Ce chât., occupé sous Charles VII par le célèbre routier Rodrigue de Villandrado, appartint ensuite à la famille d'Urfé.

Ferté-Hauterive (La), 582 h., c. Neuilly. ⊠. — ⌂ ⊤.

Fleuriel, 771 h., c. Chantelle. ⊠ : Chantelle. — Égl. romane.

Fourilles, 372 h. c. Chantelle. ⊠ : Chantelle.

Franchesses, 991 h., c. Bourbon-l'Archambault. ⊠ ⊤ ☏. ➤ Égl. romane (m. h.) ; belle flèche XIIe ou XIIIe s.

Gannat, 4524 h., ch.-l. arr., sur l'Andelot. ⊠ ⊤ ☏ — ⌂ ⊤. ➤ *Egl. Ste-Croix* (m. h.) : parties du déambulatoire et chapelle d'axe romanes ; nef XIIIe s. ; chœur XIVe, XVe et XVIe s. jolies portes latérales XIIIe s., avec vantaux anc. ; beaux vitraux anc. ; beaux vitraux modernes ; 2 bons tableaux. — *Maisons* XIIIe, XVe et XVIe s. — 2 *tours* XVe s., restes des remparts. — Anc. *chat.* XVe s., flanqué de grosses tours et servant de prison. — Remarquable *monument* (1896) des victimes de la guerre de 1870-71, dessiné par l'architecte Darcy, sculpté par Coulon. — A 1 kil., dans le cimetière, curieuse *égl. St-Etienne*, romane, où se mêlent les styles auvergnat et bourguignon. — A 2 kil., dans un joli site chapelle de *Ste-Procule*, pèlerinage. — A 3 kil., manoir *de la Fauconnière*, XVe s., anc. rendez-vous de chasse des ducs de Bourbon.

Gannay-sur-Loire, 716 h., c. Chevagnes. ⊠ ⊤ ☏.

Garnat-sur-Engièvre, 827 h., c. Chevagnes. ⊠ ⊤ ☏. ➤ Petite égl. XIIe s. ; chapelle seigneuriale XVe s.

Gennetines, 601 h., c. (Est) Moulins. ⊠ ⊤ ☏.

Gipcy, 556 h., c. Souvigny. ⊠ ⊤ ☏. ➤ Égl. romane ; beau portail.

Givarlais, 463 h., c. Hérisson. ⊠ ⊤ : Estivareilles.

Gouise, 394 h., c. Neuilly. ⊠ : Bessay. — ⊤ ☏.

Guillermie (La), 641 h., c. Mayet-de-Montagne. ⊠ : Ferrières-sur-Sichon. — ⊤ ☏.

Hauterive, 403 h., c.

Escurolles. ⊠ : Vichy. → Égl. romane.

Hérisson, 1 353 h., ch.-l. c., arr. Montluçon, sur l'Aumance. ⊠ → Jolie et pittoresque vallée de l'Aumance. — Sur un rocher escarpé, ruines imposantes d'un chât. XIIIe ou XIVe s. ; donjon rectangulaire renforçant une enceinte flanquée de tours cylindriques. — Au hameau de Châteloy, intéressante égl. romane (XIIe s.), jadis prieuriale ; chapelle N. de la fin XVe s. ; nef couverte d'un berceau ; les murs et le cul-de-four de l'abside sont couverts de peintures XIIIe restaurées XVe s. — Vestiges de l'anc. bourgade romaine de Cordes, ruinée, croit-on, par les Goths.

Huriel, 2 433 h., ch.-l. c., arr. Montluçon. ⊠ — → Égl. romane (m. h.) XIIe s. ; clocher central octogonal ; bénitier roman ; grille en fer grossière, qui ferme le chœur et paraît remonter à la construction de l'égl. — Restes XIIe s., parfaitement conservé, à quatre pans, soutenu par des contreforts de granit.

Hyds, 627 h., c. Commentry. ⊠. —

Isle-et-Bardais, 700 h., c. Cérilly. ⊠ : Valigny.

Isserpent, 992 h., c. Lapalisse. ⊠

Jaligny, 946 h., ch.-l. c., arr. Lapalisse. ⊠ → Chât. XVe, XVIe, XVIIIe et XIXe s. ; chapelle antique (m. h.) du chât. des anc. comtes de Brosse : deux tours ; donjon imposant par le cardinal d'Amboise ; beaux jardins anglais. — Égl. XIIe s. ; deux belles statues. — Maison en bois XVIe s.

Jenzat, 652 h., c. Gannat. ⊠ → Dans l'égl., peintures murales classées.

Lafeline, 595 h., c. St-Pourçain. ⊠ : Branssat. → Petite égl. romane ; beau clocher à flèche de pierre (m. h.).

Lalizolle, 727 h., c. Ébreuil. ⊠

Lamaids, 302 h., c. (Ouest) Montluçon. ⊠ : Huriel. —

Langy, 362 h., c. Varennes. ⊠ : St-Gérand-le-Puy.

Lapalisse, 2 732 h., sur la Bèbre, ch.-l. arr. ⊠ → *Egl.* romane moderne. — *Chât.* XVe et XVIe s., en partie restauré ; chapelle gothique XVe s., renfermant 2 belles statues funéraires (Jacques de Chabannes † 1453 et sa femme).

Cl. Mon. hist.

RUINES DE HÉRISSON

Laprugne, 1 263 h., c. Mayet. ⊠

Lavault- Sainte- Anne. 429 h., c. (Est) de Montluçon. ⊠ : Montluçon. — → Égl. ruinée XIIe et XVe s.

Lavoine, 556 h., c. Mayet-de-Montagne. ⊠ : Ferrières.

Lenax, 865 h., c. Donjon. ⊠

Lételon, 245 h., c. Cérilly. ⊠ : Urçay.

Liernolles, 648 h., c. Jaligny. ⊠ : le Donjon.

Lignerolles, 518 h., c. (Ouest) Montluçon. ⊠ :

Montluçon. — 🚉 ☎. → Égl. romane, inachevée.

Limoise, 304 h., c. Lurcy. ✉ ☎.

Loddes, 381 h., c. Donjon. ✉: Montaiguet. — ☎ 🚉 B. A.

Loriges, 381 h., c. St-Pourçain. ✉ : St-Pourçain-sur-Sioule.

Louchy-Montfand, 570 h., c. St-Pourçain. ✉ : St-Pourçain-sur-Sioule. ☎ 🚉 🚉. → Restes d'un chât. XVe s. ; peintures XVIe.

pelles seigneuriales de la fin XVe s. et de 1686. — Manoir en briques d'Orvalet (XVIe s.). — Chât. fort de Pomay, de la même époque.

Magnet, 578 h., c. Varennes. ✉ ☎ 🚉.

Maillet, 612 h., c. Hérisson. ✉ : Hérisson. → Égl. en partie X^e et XIIe s. ; portail roman orné d'un bas-relief (le Christ et les Apôtres).

Mayet-de-Montagne (Le), 2 122 h., ch.-l. c., arr. Lapalisse. ✉ ☎ 🚉 🚉. —— Mégalithes. — Égl. XIIe et XVe s.

Mazorier, 357 h., c. Gannat. ✉ : Gannat. → Dans l'égl., peintures murales classées.

Mazirat, 644 h., c. Marcillat. ✉ : Teillet.

Meaulne, 992 h., c. Cérilly. ✉ ☎ 🚉. → Beau pont en pierre, sur l'Aumance.

Meillard, 577 h., c. Mon-

CHATEAU DE LA PALISSE

Louroux-Bourbonnais, 688 h., c. Hérisson. ✉ : Hérisson. — ✉.

Louroux-de-Beaune, 425 h., c. Montmarault. ✉ : Montmarault.

Louroux-de-Bouble 587 h., c. Ébreuil. ✉ ☎. — 🚉 ☎.

Louroux-Hodement, 524 h., c. Hérisson. ✉ : Hérisson.

Luneau, 660 h., c. Donjon. ✉ : le Donjon. — ☎ 🚉.

Lurcy-Lévy, 3 013 h., ch.-l. c. arr. Moulins. ✉ ☎ 🚉 🚉. → Égl. romane.

Lusigny, 1 316 h., c. Chevagnes. ✉ ☎ 🚉. → Égl. XIIe s., avec deux cha-

Malicorne, 656 h., c. Commentry. ✉ : Commentry. — 🚉. → Égl. romane ; curieux modillons.

Marcenat, 398 h., c. St-Pourçain. ✉ : Billy.

Marcillat-d'Allier, 1 957 h. ch.-l. c., arr. Montluçon. ✉ ☎ 🚉 🚉. → Chât. XVe s., renfermant une collection d'antiquités recueillies à Néris.

Marigny, 276 h., c. Souvigny. ✉ : Souvigny. — ☎ 🚉 🚉. → Égl. romane (m. h.).

Mariol, 564 h., c. Cusset. ✉ : St-Jorre.

Mayet-d'Ecole (Le), 371 h., c. Gannat. ✉ : Gannat. → Égl. XIIe s.

tet. ✉ : Châtel-de-Neuvre. — ☎.

Meillers, 373 h., c. Souvigny. ✉ : Noyant-d'Allier — ☎ 🚉. — Égl. romane (m. h.) XIIe s. avec chapelle N. XVe s. et chapelle S. moderne. ; large portail roman à linteau sculpté (le Christ et les douze Apôtres), d'un style qui rappelle les sarcophages gallo-romains ; chapiteaux remarquables ; magnifique clocher roman à flèche octogonale.

Mercy, 639 h., c. Neuilly ✉ : Neuilly. — ☎ 🚉.

Mesples, 375 h., c. Huriel. ✉ : Viplaix.

Molinet, 1 061 h., c.

MOULINS

Cl. Lévy.

LA CATHÉDRALE

Cl. Lévy.

TOUR JACQUEMART

Cl. Lévy.

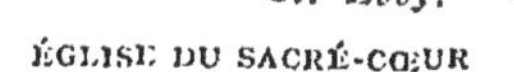

ÉGLISE DU SACRÉ-CŒUR

Cl. Lévy.

MOULINS, VUE DE LA TOUR SAINT-GILLES

Cl. Lévy.

LE JACQUEMART, LA CATHÉDRALE ET LE PALAIS DU DUC DE BOURBON

Cl. Lévy.

PLACE DE L'HOTEL-DE-VILLE

Cl. Lévy.

LA PLACE D'ALLIER

Dompierre. ⊠.

Molles, 967 h. c. Cusset. ⊠. → Ruines d'un chât. fort.

Monestier, 661 h., c. Chantelle. ⊠ : Chantelle. — B. A.

Monétay-sur-Allier, 664 h., c. Montet. ⊠ : Châtel-de-Neuvre.

Monétay-sur-Loire, 752 h., c. Dompierre. ⊠.

Montaiguet, 796 h., c. Donjon. ⊠. → Belle porte féodale XIVe s. — Chât. (XVe s.) des anc. moines de la Nénisoons-Dieu. — Chapelle de la Trinité (XVe s.).

Montaigu-le-Blin, 850 h., c. Varennes. ⊠. → Chât. ruiné XIIIe s. : donjon circulaire flanqué de tours rondes.

Montbeugny, 720 h., c. Neuilly. ⊠. — ⊠.

Montcombroux, 1 357 h., c. Donjon. ⊠.

Monteignet-sur-l'Andelot, 386 h., c. Gannat. ⊠ : Gannat. —.

Montet (Le), 577 h., ch.-l. c., arr. Moulins. ⊠. → Égl. (m. h.) XIe et XIIe s., reste d'un prieuré.

Montilly, 546 h., c. (Ouest) de Moulins. ⊠ : Moulins. —. → Chât. de Confay (XVe s.).

Montluçon, 35 664 h., ch.-l. arr., sur le Cher. ⊠. —. → Montluçon se divise en deux parties, la ville haute (vieilles maisons) et la ville basse, cité tout industrielle. — L'*égl. N.-D.* date XVe s. ; 2 panneaux sculptés XVIIe s. (scènes de la vie de la Vierge) plusieurs toiles remarquables, entre autres une copie de Lesueur (Martyre de St-Étienne), une Adoration des Mages et une Assomption. — L'*égl. St-Pierre* (absides et transept XIIe s.) possède plusieurs statues XVe et XVIe s. — Le *chat.*, bâti XVe et XVIe s. sur le sommet de la ville haute, sert aujourd'hui de caserne, ce qui l'a défiguré ; l'esplanade a été transformée en promenade (vaste panorama). — L'*hôpital* est installé dans le couvent des Cordeliers (XVe et XVIIe s.) ; le *lycée*, dans celui des Bernardines (XVIIe s.). — Maisons XVIe s.

Montmarault, 1 504 h., ch.-l. c., arr. Montluçon. ⊠. → Égl. en partie XIIe s.

Montoldre, 620 h., c. Varennes-sur-Allier. ⊠ : Varennes-s.-Allier.

Montord, 259 h., c. St-Pourçain-sur-Sioule. ⊠ : St-Pourçain-s.-S. —.

Montvicq, 1 391 h., c. Montmarault. ⊠. — Égl. romane. — Restes d'un chât.

Moulins, 22 968 h., ch.-l. du départ., sur la rive dr. de l'Allier. ⊠. —. → L'anc. collégiale (m. h.), devenue cathédrale en 1823, fut bâtie de 1468 à 1507. Elle se compose d'un chœur flanqué de bas-côtés, de chapelles latérales et d'un déambulatoire encastré dans un chevet plat ; la nef, les tours et la façade datent de 1860. L'intérieur du chœur offre de beaux vitraux (XVIe s.) où se dessinent les portraits de plusieurs ducs de Bourbon, de membres de leur famille et de notables habitants de Moulins. Dans un des murs, on voit encastrée une pierre tombale sur laquelle est sculpté, en demi-relief, un cadavre rongé par les vers (1557) ; derrière le maître-autel, saint-sépulcre (XVIe s.) à huit personnages ; dans la sacristie, triptyque remarquable de la fin XVe s. représentant la Vierge entre les donateurs : le duc Pierre II de Bourbon et la duchesse sa femme. Près du chevet, une chapelle haute renferme une Vierge noire très vénérée, du début XIIIe s. Bas relief en bois polychromé, XVIe s., représentant la mort de la Vierge ; dans la sacristie, deux bas-reliefs d'albâtre, XVIe s., représentant l'adoration des bergers et l'adoration des mages. — L'*égl. St-Pierre* est de la dernière période ogivale. — L'*égl. du Sacré-Cœur* (élégantes flèches en pierre) a été construite dans le style XIIIe s., sur les plans de Lassus ; à la sacristie, beau triptyque XVe s., dont les peintures (école flamande) figurent l'Adoration des bergers, la Visitation et la Présentation au Temple. — Le *lycée Banville* occupe le couvent de la Visitation fondé par Mme de Gouffier. La *chapelle* (1648-1655) renferme le splendide *mausolée* élevé à la mémoire du duc Henri de Montmorency par sa veuve, Félicie des Ursins. Ce monument présente quatre colonnes de marbre noir, supportant un entablement, et un fronton d'une belle exécution. En avant, sur un socle de marbre noir portant l'épitaphe gravée en lettres d'or, s'élève le sarcophage, aussi en marbre noir, sur lequel le duc, vêtu à l'antique, est représenté à demi couché et s'appuyant sur la main droite. Près de lui, à dr., au second plan, est assise la duchesse, les mains jointes et les yeux levés au ciel. A g. du tombeau une statue d'Hercule symbolise la Force ; à dr., la Charité est représentée par une femme tenant une bourse ouverte. Dans les entre-colonnements, on voit à g. le dieu Mars, symbolisant le courage militaire ; à dr., la Religion. Quatre artistes travaillèrent à ce monument : Regnaudin, Thibaut Moissan et François Anguier, sous la direction de Michel Anguier. Le tombeau a été violé en 1793. Le chœur des religieuses (m. h.) a conservé des peintures attribuées à Lesueur. A l'entrée de ce chœur, statues de la Foi et de l'Espérance, par Thibaut Poissant, accompagnant un bas-relief qui représente la Charité. Au-dessus du maître-autel est un beau reliquaire donné en 1754 par le maréchal de Belle-Isle ; derrière, la Vierge au Temple, tableau par Pietro di Cortone (portraits de la famille des Ursins). — Il ne reste du *chât.* des derniers ducs de Bourbon que le donjon, grosse tour carrée XIVe s., nommée la *Mal Coiffée* (m. h.) et servant de prison, quelques pans de murs et un joli pavillon de la Renaissance, remontant au début XVIe s. (m. h.). — Le musée est installé dans les parties attenantes (antiquités gauloises, sculptures du moyen âge, faïences, très belle bible de la fin XIIe s., connue sous le nom de Bible de Souvigny). — Des remparts XVIe s., il ne reste que deux tours enclavées dans des pâtés de maisons. — Le *beffroi* ou *tour de l'horloge* date XVe s.; son couronnement a été refait XVIIe s. Nous signalerons en outre : le *palais de justice*, anc. collège des Jésuites, du temps de Louis XIII. — La *préfecture*, qui occupe l'hôtel Saincy (époque Louis XVI). — L'*hôpital St-Charles* ; quelques *maisons* XVe et XVIe s., en particulier, la cour du doyenné ; les *casernes* de cavalerie (1770-1848) ; la *statue*, en bronze, *de Théodore de Banville*, par Coulon, sur la place de la République. — Beau *cours Bercy*. — Le *pont* sur l'Allier, un des plus beaux du Centre de la France, a été reconstruit de 1750 et 1763, sur l'emplacement d'un autre pont bâti par Mansart, et entraîné par les eaux en 1700 ; il se compose de 13 arches ayant 20 m. d'ouverture chacune ; il a 300 m. de longueur sur 14 m. de largeur.

Murat, 619 h., c. Montmarault. ⊠ ⊤ ☎ 🏨. → Égl. XIIe et XIIIe s. ; superbe reliquaire en filigrane et en émail. — Ruines imposantes d'un chât. XIIIe et XIVe s.

Nades, 312 h., c. Ébreuil. ⊠ : Lalizolle. — Chât. ruiné. — Beau chât. moderne.

Nassigny, 285 h., c. Hérisson. ⊠ : Vallon-en-Sully.

Naves, 437 h., c. Ébreuil. ⊠ : Bellenaves. → Ruines d'une forteresse XVe s. ayant appartenu, dit-on, à Jacques Cœur.

Néris-les-Bains, 3 070 h., c. (Est) de Montluçon, station de bains, ⊠ ⊤ ☎ 🏨. → Néris est divisé en deux parties appelées la ville haute et la ville basse. La ville basse, située dans la vallée, est bien bâtie, et renferme le casino, les thermes (2 établissements) avec parcs et les hôtels. — Dans la ville haute, sur le coteau, égl. romane XIIe s. avec clocher central octogonal. — D'importants débris romains ont été découverts à Néris. Du côté de la place, à l'établissement, un péristyle renferme des fûts de colonnes, de beaux chapiteaux de marbre et d'autres antiquités. — Il existe aussi à Néris une collection (musée Rickotter-Moreau) d'objets préhistoriques et de céramique. — Avant d'entrer dans le bourg par la route de Montluçon, on voyait jadis les restes d'un théâtre romain qui, complantés d'arbres, ont été transformés en parc. — A dr. de la route se voient un vaste camp romain, et, au pied de ce camp, l'emplacement des bains antiques.

Neuilly-en-Donjon, 573 h. c. Donjon. ⊠ : le Donjon. — ⊤ ☎. → Vaste égl. XIIe et XVe s. ; beau portail roman (m. h.), production archaïque de l'art bourguignon (adoration des rois mages et Cène).

Neuilly-le-Réal, 1 640 h., ch.-l. c., arr. Moulins. ⊠ ⊤ ☎. → Anc. chât. de Lécluse, du Frêne et des Vayots.

Neure, 340 h., c. Lurcy. ⊠ : le Veurdre.

Neuville, 139 h., c. Hérisson. ⊠ ⊤ ☎ : Villefranche-d'Allier. — 🏨.

Neuvy, 139 h., c. (Ouest) Moulins. ⊠ : Moulins. → Égl. XIe et XVIe s. ; retable en pierre XVIe s., délicatement sculpté. — Chât fort de Toury-sur-Allier (XVe s.), renfermant 2 grandes cheminées de l'époque. — Chât. moderne des Melets, style Renaissance.

Nizerolles, 687 h., c. Mayet-de-Montagne. ⊠ : le Mayet-de-M. — ⊤ ☎ 🏨.

Nocq-Chambérat, *V.* Chambérat.

Noyant-d'Allier, 1 697 h., c. Souvigny. ⊠ ⊤ ☎. — 🏨 ⊤. → Beau pavillon XVe s., reste d'un chât.

Paray-le-Frésil, 842 h., c. Chevagne. ⊠ : Chevagnes. → Beau chât. moderne dans une vaste propriété.

Paray-sous-Briailles, 726 h., c. St-Pourçain-sur-Sioule. ⊠ : St-Pourçain-s.-Sioule.

Périgny, 641 h., c. Lapalisse: ⊠ ⊤ ☎ : Lapalisse.

Petite-Marche (La), 812 h., c. Marcillat. ⊠ ⊤ ☎.

Pierrefitte-sur-Loire, 678 h., c. Dompierre. ⊠ ⊤ ☎ → Sur une butte artificielle, débris du chât. Morand.

Pin (Le), 588 h., c. Donjon. ⊠ ⊤ ☎ 🏨.

Poëzat, 136 h., c. Gannat. ⊠ : Gannat.

Pouzy-Mésangy, 957 h., c. Lurcy. ⊠ ⊤ ☎.

Prémilhat, 689 h., c. (Ouest) Montluçon. ⊠ : Montluçon.

Quinssaines, 817 h., c. (Ouest) Montluçon. ⊠ : Montluçon.

Reugny, 288 h., c. Hérisson. → Tumulus. ⊠ : Estivareilles.

Rocles, 423 h., c. Montet. ⊠ : Tronget. → Égl. en partie romane.

Rongères, 511 h., c. Varennes. ⊠ : Varennes. — 🏨. → Égl. XIe s.

Ronnet, 470 h., c. Marcillat. ⊠ : Arpheuilles-St-Priest. — 🏨. → Tour ruinée.

Saint-Angel, 571 h., c. (Est) Montluçon. ⊠ : Montluçon : ⊤ ☎.

Saint-Aubin-le-Monial, 629 h., c. Bourbon-l'Archambault. ⊠ ⊤ ☎ 🏨. → Égl. de 1878 : bénitier roman ; 2 chapiteaux romans servant aussi de bénitiers. — Manoir de Coulombières, XVIe et XIXe s.; belle chapelle de cette dernière époque.

Saint-Bonnet-de-Four, 549 h., c. Montmarault. ⊠ : Montmarault. — ⌂. — Égl. XIVe s.

Saint-Bonnet-de-Rochefort, 1 037 h., c. Gannat. ⊠ ⫟ ☎. — ⌂ ⫟. → Égl. : nef et portail XIIe s., chœur XIVe s. — A 1 kil. 5 S.-E., beau viaduc du chemin de fer de Gannat à Montluçon, sur la Sioule (jolis sites dans la vallée, en amont et en aval). — A 2 kil. S.-O., au-dessus de la Sioule, chât. de Rochefort (XVe s.) : très belles tapisseries.

Saint-Bonnet-Troncais, 1 227 h., c. Cérilly. ⊠ ⫟ ☎. → A 3 kil. S.-E., sur la Sologne, chât. de Tronçais (XVe et XIXe s.).

Saint-Caprais, 352 h., c. Hérisson. ⊠ : Hérisson.

Saint-Christophe, 804 h., c. Lapalisse. ⊠ : Isserpent.

Saint-Clément, 1 149 h., c. Mayet. ⊠ ⫟.

Saint-Désiré, 1 140 h., c. Huriel. ⊠ ⫟ ☎. — ⌂ ⫟. → Égl. romane remarquable (m. h.), avec crypte. — Sur la place, beau tilleul datant de Sully. — Aux Mullots, magnifique châtaignier. — Le Four-Perchat, grotte préhistorique.

Saint-Didier-en-Donjon, 625 h., c. Donjon. ⊠ : le Donjon. — ⫟ ☎ ⌂.

Saint-Didier-en-Rollat. 677 h., c. Escurolles. ⊠ ⫟ ☎.

Saint-Eloy-d'Allier, 189 h., c. Huriel. ⊠ ⫟ ☎ : St-Désiré. → Sur un rocher escarpé au milieu de l'Arnon, dans un site sauvage, belles ruines féodales de la Roche-Guillebault.

Saint-Ennemond, 847 h., c. (Est) Moulins. ⊠ ⫟ ☎. → Égl. XIIe s.; tableau XVIe s.

Saint-Etienne-de-Vicq, c. Lapalisse. ⊠ ⫟.

Saint-Fargeol, 588 h., c. Marcillat-d'Allier. ⊠ : Marcillat-d'Allier.

Saint-Félix, 227 h., c. Varennes. ⊠ : St-Germain-des-Fossés. ⫟ ☎.

Saint-Genest, 396 h., c. Marcillat. ⊠ ⫟ ☎ : Néris. → Ruines du chât. de l'Ours (XIIIe s.), sur un rocher pittoresque; donjon cylindrique.

Saint-Gérand-de-Vaux, 962 h., c. Neuilly. ⊠ ⫟ ☎. → Égl. XIe, XIVe et XVe s. — Restes d'un chât. XVIe et XVIIe s., bâti sur l'emplacement d'un chât. de Jacques Cœur.

Saint-Gérand-le-Puy, 1 357 h., c. Varennes. ⊠ ⫟ ☎ ⌂ → Égl. romane XIIe s.; peintures murales XIIIe s. — Petit manoir de la fin XVe s., où logea Pie VII lorsqu'il se rendait à Paris pour sacrer Napoléon.

Saint-Germain-des-Salles, 597 h., c. Chantelle. ⊠ : Jenzat.

Saint-Germain-des-Fossés, 3 012 h., c. Varennes. ⊠ ⫟ ☎. — ⌂ ⫟. → Égl. romane de style auvergnat (fin XIe s.), homogène; bas côtés couverts de demi-berceaux épaulant le berceau de la nef. Vierge XIIIe s. — Ruines de la chapelle du chât. (XIIe s.).

Saint-Hilaire, 1 246 h., c. Bourbon-l'Archambault. ⊠ ⫟ ☎ ⌂. → Égl. romane XIIe s.; portail avec vantaux XIIIe s. — Restes de la commanderie de Beauchassin (XIIe et XVe s.).

Saint-Léger-sur-Vouzance, 432 h., c. Donjon. ⊠ : le Donjon. — ⫟ ☎.

Saint-Léon, 1 097 h., c. Jaligny. ⊠ ⫟ ☎. → Puy St-Antoine, cône volcanique isolé, de 442 m. d'altitude. — Vieux chât. de Marcellange.

Saint-Léopardin-d'Augy, 807 h., c. Lurcy. ⊠ ⫟.

Saint-Loup, 545 h., c. Neuilly. ⊠ : Varennes-sur-Allier. — Égl. XIIe et XVIe s.

Saint-Marcel-en-Marcillat, 435 h., c. Marcillat. ⊠ : Marcillat.

Saint-Marcel-en-Murat, 372 h., c. Montmarault. ⊠ : Montmarault. — ⌂.

Saint-Martin-des-Lais, 272 h., c. Chevagnes. ⊠ : Garnat-sur-Engièvre. — ⫟ ☎.

Saint-Martinien, 740 h., c. Huriel. ⊠ : Huriel.

Saint-Menoux, 1 004 h., c. Souvigny. ⊠ ⫟ ☎ ⌂. → Grande et belle égl. (m. h.), restes d'une abbaye fondée VIIe s. autour du tombeau de St Menulfe et qui devint Xe s., abbaye de Bénédictins. Le porche remonte XIe s. mais ne fut voûté qu'au XIIe s.; il a été très restauré; chœur de la seconde moitié XIIe s., avec déambulatoire et 5 chapelles rayonnantes, de style bourguignon; beaux chapiteaux; le transept et la nef avaient été construits à la même époque que le chœur, mais il n'en reste que les murs latéraux et les voûtes du bas-côté N. Le transept fut repris vers 1250; les piles de la nef furent remaniées XVe s. et des voûtes d'ogives remplacèrent le berceau brisé. Beau clocher XIIIe s.; derrière l'autel principal est le cercueil en pierre qui a renfermé le corps du saint patron; beau bas-relief XIIe s. représentant le Christ dans une gloire. Panneau XIIe s. (5 apôtres sous des arcades), anc. devant d'autel. — Dans le bourg, belle porte XVIIe s.

Saint-Nicolas-des-Biefs. 901 h., c. Mayet. ⊠ ⫟ ☎.

Saint-Palais, 630 h., c. Huriel. ⊠ ⫟ : St-Sauvier.

Saint-Pierre-Laval, 735 h., c. Lapalisse. ⊠ : St-Martin-d'Estréaux (Loire). — ⫟ ☎. → Anc. chât. de Feige.

Saint-Plaisir, 1 075 h., c. Bourbon-l'Archambault. ⊠ ⫟ ☎ → Égl. XIIe (roman) et XVe s. — A 5 kil. O.-N.-O., entre les forêts de Champroux et de Civrais, chât. ruiné de Gennetines.

Saint-Pont, 574 h., c. Escurolles. ⊠ : Escurolles. → Beau chât. XVIIIe — Curieuse abside romane d'une égl. ruinée.

Saint-Pourçain-sur-Besbre, 677 h., c. Dompierre. ⊠ ⫟ ☎ ⌂. → Anc. chât.

VICHY

Cl. Tesson.

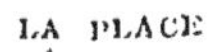

LA PLACE

Cl. Lévy.

LE HALL AUX SOURCES

Cl. Lévy.

ÉGLISE SAINT-LOUIS

Cl. Neurdein.

LA VIEILLE TOUR

LE CASINO

Cl. Neurdein.

UN COIN DU PARC

de Toury au N. et de Beauvoir au S., tous deux dominant pittoresquement la rive g. de la Besbre.

Saint-Pourçain-sur-Sioule, 4 579 h., ch.-l. c., arr. Gannat, sur la Sioule. ⊠☈☎▣. → Pont XVIIe s., sur la Sioule. — Grande égl. (m. h.) jadis abbatiale, où se voient pêle-mêle tous les styles depuis le XIe s. jusqu'au XVIIIe s.; porche du début XIe s.; façade et murs latéraux de la fin XIe s.; nef XIIIe s.; déambulatoire de plusieurs époques, resté inachevé : deux chapelles rayonnantes, en hémicycle de la fin XIIe s.; deux autres polygonales, de la fin XIIIe s. et apparentées au style gothique de l'Ile-de-France; on a remarqué dans les deux premières une ressemblance avec celle de la basilique de St-Denis. — Bel *Ecce Homo*, en pierre, de la Renaissance. — A côté de l'égl., restes d'un cloître XVe s. et de bâtiments moins anc.

Saint-Priest-d'Andelot, 220 h., c. Gannat. ⊠ : Gannat. → Chât. XVe et XVIe s., flanqué de 4 tours.

Saint-Priest-en-Murat, 611 h., c. Montmarault. ⊠ : Montmarault. — ▣.

Saint-Prix, 927 h., c. Lapalisse. ⊠ : Lapalisse.

Saint-Rémy-en-Rollat, 910 h., c. Escurolles. ⊠☈☎▣. → A la lisière de la forêt de Marcenat, ruines du chât. de Rollat.

Saint-Sauvier, 1 038 h., c. Huriel. ⊠☈ → Égl. de la fin XIIIe s.

Saint-Sornin, 442 h., c. Montet. ⊠ : le Montet.

Sainte-Thérence, 502 h., c. Marcillat. ⊠ : Teillet.

Saint-Victor, 722 h., c. (Est) Montluçon. ⊠ : Montluçon. → Égl. XIIe et XVe s.

Saint-Voir, 432 h., c. Neuilly-le-R. — ☈☎. → Égl. romane.

Saint-Yorre, 1 657 h., c. Vichy. ⊠☈☎. — ▣☈.

Saligny-sur-Roudon, 1 404 h., c. Dompierre. ⊠☈ → Égl. XIIe s.; beau portail roman. — Joli chât. de la Renaissance (milieu XVIe s.); charmantes lucarnes à cariatides; à côté, restes d'un chât. plus anc.

Sanssat, 387 h., c. Varennes. ⊠ : St-Gérand-le-Puy. — ☈☎.

Saulcet, 656 h., c. St-Pourçain-sur-Sioule. ⊠☈☎ : St-Pourçain-s.-S. → Eglise romane.

Saulzet, 468 h., c. Gannat. ⊠ : Gannat.

Sauvagny, 240 h., c. Hérisson. ⊠ : Cosne d'Allier. → Égl. romane.

Sazeret, 373 h., c. Montmarault. ⊠ : Montmarault. — ▣.

Serbannes, 522 h., c. Escurolles. ⊠☈☎ : Cognat-Lyonne.

Servilly, 450 h., c. Lapalisse. ⊠ : Lapalisse. — ▣. → Égl. romane.

Seuillet, 341 h., c. Varennes. ⊠ : St-Germain-des-Fossés. — ☈☎.

Sorbier, 727 h., c. Jaligny. ⊠ : Jaligny. — ▣

Souvigny, 2 547 h., ch.-l. c., arr. Moulins, sur un coteau dont la Queune baigne la base. ⊠☈☎. — ▣☈. → Égl. St-Pierre (m. h.), l'édifice le plus beau et le plus considérable (84 m. de long) du Bourbonnais. Nef, bas-côtés contigus et tours de la façade du premier quart XIIe s., appartenant par beaucoup de détails à l'école romane d'Auvergne; les voûtes d'ogives de la nef datent seulement XVe s.; bas-côtés extrêmes, déambulatoire, chapelles rayonnantes et crypte du milieu XIIe s. et de style bourguignon; mais les voûtes du déambulatoire et des chapelles sont le résultat d'un remaniement XVe s.; chœur, façade, vaste chapelle seigneuriale XVe s., époque à laquelle on remania les transepts et refit le mur du bas-côtés S.; grande sacristie XVIIIe s.; très curieuse crypte XIIe s. Le XIVe s. avait vu construire une tour centrale qui n'existe plus. A l'intérieur, on remarque surtout : une colonne octogonale romane dont les sculptures représentent les signes du zodiaque; des fragments de sculptures XIIe, XIVe et XVe s., dont un très beau devant d'autel roman; une Vierge XVIe s., une belle sainte Madeleine un peu plus ancienne; une armoire à volets peints XVe s. ayant renfermé des reliques de saint Odilon et de saint Maïeul; un beau Christ en ivoire XVIIe s. des fragments de vitraux XVe s., dans le chœur; et surtout les magnifiques tombeaux des ducs de Bourbon Louis II le Bon († 1410 et Charles Ier († 1456), avec leurs statues et celles de leurs femmes, malheureusement mutilées à la Révolution; d'autres tombeaux des Bourbon, n'existent plus qu'à l'état de débris. La grosse cloche de Souvigny porte la date de 1408. — Au S. de l'égl., restes de l'anc. abbaye (salle capitulaire de la fin XIIe s., débris des cloîtres gothiques, bâtiment XVIIe XVIIIe s.). — Du côté opposé, égl. romane (m. h.) St-Maur, XIIe s., de style bourguignon, jadis paroissiale, auj. transformée en grange. — Maisons XIVe, XVe et XVIe s. — A 4 kil. O., dans le vallon de l'Ours, affluent g. de l'Allier, ruines romanes du prieuré de St-Maurice.

Sussat, 285 h., c. Ébreuil. ⊠ : Vicq.

Target, 629 h., c. Chantelle. ⊠☈▣.

Taxat-Senat, 479 h., c. Chantelle. ⊠☈☎ : Chantelle.

Teillet, 732 h., c. Montluçon. ⊠☈▣. → Motte féodale. — Égl. romane, servant d'écurie.

Terjat, 538 h., c. Marcillat. ⊠ : Marcillat.

Theil (Le), 982 h., c. Cérilly. ⊠☈☎▣. → Eglise romane.

Theneuille, 1523 h., c. Cerilly ⊠☈.

Thiel, 1 533 h., c. Chevagnes. ⊠ ⊤ ☏ 🏨.

Thionne, 748 h., c. Jaligny. ⊠ : Jaligny. — B. A. ⊤ ☏.

Tortezais, 377 h., c. Hérisson. ⊠ : Cosne-d'Allier — 🏨.

Toulon-sur-Allier, 922 h., c. (Est) Moulins. ⊠ ⊤. → Égl. romane XIIe s.

Treban, 757 h., c. Montet. ⊠ ⊤ ☏.

Treignat, 1 045 h., c. Huriel. ⊠ ⊤ ☏. — 🏨 ⊤.

Treteau, 934 h., c. Jaligny. ⊠ ⊤ ☏. → Chât. du Grand-Chambord (XIVe s.) ; donjon XIIIe s.

Trevol, 1 001 h., c. (Ouest) Moulins. ⊠ ⊤ ☏. → Égl. XIIe et XVe s. ; belle pierre tombale. — Chât. d'Avrilly ; belle façade à tourelles de la Renaissance.

Trezelles, 825 h., c. Jaligny. ⊠ ⊤ ☏. — 🏨 ⊤. → Chât. XVe s.

Tronget, 1 108 h., c. Montet. ⊠ ⊤ ☏. — 🏨 ⊤. → Égl. XIIe, XIIIe et XVe s. ; de la plate-forme du clocher, immense horizon. — Retranchements antiques.

Urçay, 519 h., c. Cérilly. ⊠ ⊤. — 🏨 ⊤. → Chât. de Beaumont (XVIe, XVIIe, XIXe s.).

Ussel, 412 h., c. Chantelle. ⊠ : Chantelle. — 🏨. → Ruines d'un chât. qui fut jadis un des plus forts du Bourbonnais.

Valignat, 156 h., c. Ébreuil. ⊠ : Bellenaves.

Valigny, 798 h., c. Cérilly. ⊠ ⊤.

Vallon-en-Sully, 1 534 h., c. Hérisson. ⊠ ⊤ ☏. — 🏨 ⊤. → Égl. romane (m. h.) : nef et croisillons voûtés en berceau ; bas-côtés voûtés d'arêtes ; abside flanquée de 2 absides voûtées en cul-de-four ; belle flèche en pierre. — Chât. de Creux (XVIIIe s.), avec de beaux jardins.

Varennes-sur-Allier, 3 150 h., ch.-l. c., arr. Lapalisse. ⊠ ⊤ ☏. — 🏨 ⊤. → Chât. et domaine de Gayette (XVe et XVIIe s.), légués en 1694 par son dernier seigneur, aux pauvres de Varennes revenu actuel de 150 000 fr.). Donjon rectangulaire XVe s., flanqué de tourelles carrées.

Varennes-sur-Têche, 613 h., c. Jaligny. ⊠ : Trézelles. — 🏨. → Anc. chât. de Précord ; fresques XVIIIe s.

Vaumas, 1 012 h., c. Dompierre. ⊠ ⊤ ☏. — 🏨 ⊤.

Vaux, 704 h., c. (Ouest) Montluçon. ⊠ ⊤ ☏.

Veauce, 130 h., c. Ébreuil. ⊠ : Vicq. — ⊠. → Chât. fort, flanqué de quatre tours (XIVe et XVe s.) ; belles parties de la Renaissance. — Égl. romane (m. h.) ; beau chœur.

Venas, 553 h., c. Hérisson. ⊠ : Cosne-d'Allier.

Vendat, 882 h., c. Escurolles. ⊠ ⊤ ☏ 🏨. → Chât.-fort du moyen âge.

Verneix, 872 h., c. (Est) Montluçon. ⊠ : Montluçon. — ⊤ ☏.

Vernet (Le), 592 h., c. Vichy. ⊤ : Cusset. — ⊠. → Chât. ruiné.

Verneuil, 503 h., c. St-Pourçain. ⊠ ⊤ ☏. → Égl. romano-gothique (m. h.). — Ruines d'un chât.

Vernusse, 429 h., c. Montmarault. ⊠ : Montmarault. → Dans une chapelle, madone vénérée XVe s.

Vesse, *V.* Bellerive-sur-Allier.

Veurdre (Le), 790 h., c. Lurcy. ⊠ ⊤ ☏. → Égl. XIe s. — A 1 k. O., chapelle St-Mayeul, romane, renfermant un petit musée d'antiquités locales.

Vichy, 700 h., ch.-l. c., arr. Lapalisse, station d'eaux thermales célèbre, jolie ville, dans un vallon, sur la rive dr. de l'Allier (beau pont). ⊠ ⊤ ☏ 🏨. — → Le centre vital de Vichy est le Parc ou Vieux-Parc, bordé d'un côté par le Palais des Sources, de l'autre par le café de la Restauration et par le Casino, bel édifice, avec statues par Carrier-Belleuse, derrière lequel est l'établissement dit Bains de l'Hôpital. Un autre parc, beaucoup plus vaste, appelé le Nouveau-Parc, borde l'Allier. Non loin du Vieux-Parc, sur lequel donne (rue Cunin-Gridaine) le Cercle international de Vichy, s'élève l'égl. St-Louis, édifice moderne du style roman situé dans la rue de Nîmes, conduisant à l'hôpital militaire et à l'Éden-Théâtre. Entre les deux parcs et la rue de Nîmes est groupé le vieux Vichy, dont l'emplacement était occupé par la station romaine d'*Aquae Calidae* (on y a découvert de nombreuses antiquités) et où l'on remarque le parc Lardy (établissement hydrothérapique), le parc des Célestins (anc. couvent fondé par Louis II de Bourbon) ; la tour de l'Horloge (restaurée en 1898), donjon du chât. bâti par Louis II à la fin XIVe s. ; la maison du bailliage, où sont restés intacts une porte et un escalier à vis XVe ou XVIe s. ; un pavillon (refait) où séjourna Mme de Sévigné ; la fontaine des Trois-Cornets (1583) ; 2 maisons anc. ; l'égl. St-Blaise (XVe s.) anc. chapelle du chât. (madone vénérée). — Vaste hospice-hôpital près de la gare ; belle chapelle romane moderne. — Beaux hôtels et villas.

Vicq, 700 h., c. Ébreuil. ⊠ ⊤ 🏨. — Égl. romane (m. h.) : abside flanquée de 2 absidioles, transept et nef ; les voûtes d'ogives de la nef sont le résultat d'un remaniement XIIIe s. ; le clocher central est XIVe s. ; l'absidiole N. a été transformée XVIe s. et les grosses piles du revers de la façade datent de la même époque ; crypte du premier quart XIIe s. avec autel du même temps. — A l'entrée du village, manoir de la Motte, XVIe s., entouré d'une enceinte avec entrée fortifiée et 2 tours polygonales. — Vieille tour du Luth.

Vieure, 678 h., c. Bourbon-l'Archambault. ⊠ ⊤ ☏

⚲. ➛ Égl. XIe, XIIe et XIIIe s. ; tableau authentique de Nic. de Coster (fin XVe s.) ; 3 autres tableaux de maîtres. — Grand chât. de la Salle-de-Vieure (XIVe-XVIe s.). — Restes du chât. de la Chaussière.

Vilhain (Le), 686 h., c. Cérilly. ☒ ⊤ ⚲. ➛ Égl. des XIIe et XVe s.

Villebret, 584 h., c. Marcillat. ☒ : Néris. ➛ Égl. romane.

Villefranche-d'Allier, 915 h., c. Montmarault. ☒ ⊤ ⚲. — ⚲ ⊤. ➛ Égl. romane. — Chât. ruiné.

Villeneuve-sur-Allier, 1 052 h., c. (Ouest) Moulins. ☒ ⊤ ⚲ ⚲. ➛ Restes du chât. de Réau (XVIe s.).

Viplaix, 1 032 h., c. Huriel. ☒ ⊤ ⚲. ➛ Belles ruines du chât. de la Roche-Guilbaud.

Vitray, 276 h., c. Cérilly. ☒ : Meaulne.

Voussac, 1 040 h., c. Chantelle. ☒ ⊤ ⚲. ➛ Égl. XIe ou XIIe s.

Ygrande, 1 435 h., c. Bourbon-l'Archambault. ☒ ⊤ ⚲. ➛ Égl. romane et gothique (m. h.) XIIe s. ; tour octogonale de fort belles proportions, à deux étages de fenêtres géminées, avec flèche en pierre. — 3 anc. chât.

Yzeure ou **Izeure,** 6 084 h., c. (Est) Moulins. ☒ ⊤ ⚲ ➛ Égl. (m. h.) style roman bourguign transept de la fin XIe nef, bas côtés, absidio S. du milieu XIIe s. ; absi gothique XIIIe s. ; chapel latérales N. et chapelles du chœur XVe s. ; cry romane bien conservée av restes de peintures XVe s mobilier XVIIIe s. ; mado vénérée ; grande Vierge pierre XVe s. ; beau tombe XIVe s. ; 2 pierres tomba XVIIe s. ; tableaux de maît XVIIe s. ; dans une ch pelle, petite collection la daire. — Dans les bâtimen du prieuré (XVIIe s.), éc de réforme des enfa indisciplinés.

Corbeil. — Imp. Crété.

ALLIER

Librairie Hachette & Cie, Paris

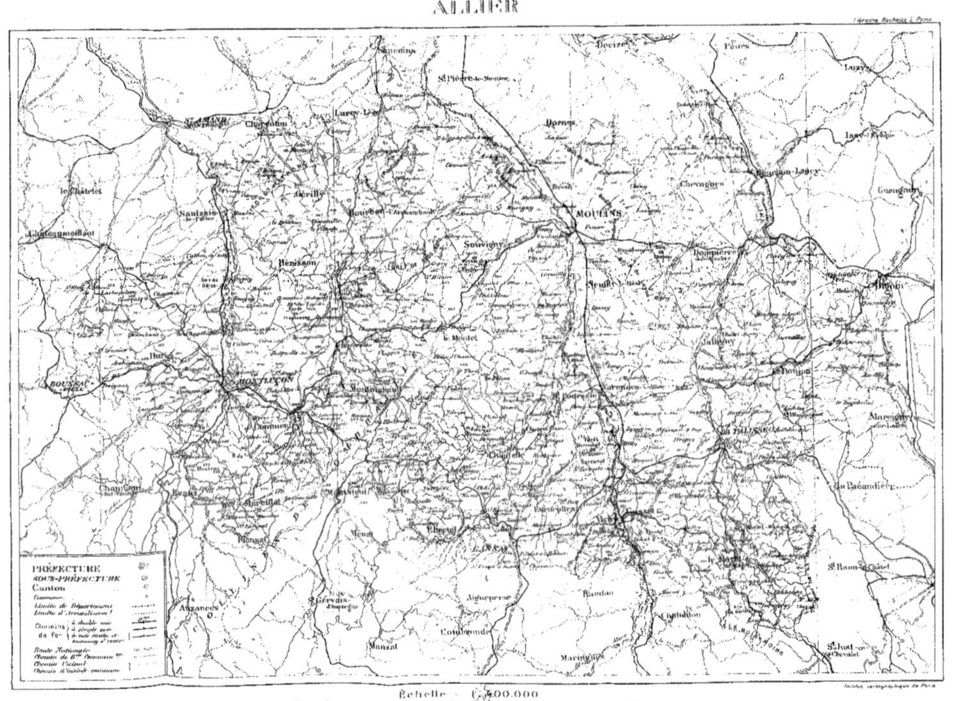

Institut cartographique de Paris